KB201072

—RE—
THINK
CHURCH

교회를 다시 생각하고
변화시키는 힘!

RE
THINK
CHURCH

이상훈 지음

교회성장연구소

추천사

초불확실성의 시대, 변화의 속도가 광속이다. 원하지 않아도 급변은 현실이다. 변화를 해독하지 못하면 위기상황으로 내몰릴 수밖에 없다. 오늘날의 교회는 변화 대처에 대체로 둔하다. 본질은 놓치지 않되 변화를 읽어내고 대응하는 민첩성이 요구된다. 단순히 문화적 옷만 갈아입는 임기응변의 변신만으로는 더 이상 버텨낼 수 없다. 교회에 대한 고민이 깊어진 오늘날의 목회자들에게 미래 목회에 대한 로드맵이 절실하다. 이미 저자는 앞 선 몇 권의 저술을 통해 교회 갱신과 변혁을 위한 촉구를 깊은 통찰과 함께 제시한 바 있어 이번 이 책에서도 기대가 된다. 저자는 미래를 향한 선견지명이 있는 대안 제시들과 오늘날 교회가 집중력을 가지고 붙들어야 할 본질이 무엇인가에 대한 명확한 제시들을 하고 있어 필독을 권하고 싶다.

수영로교회 담임목사 | **이규현**

———

『리싱크처치』는 교회에 대한 저자의 고민과 연구 결과가 담겨 있습니다. 우리가 맞닥뜨린 현실이 무엇인지 진단하고, 앞으로 교회가 나아가야 할 방향을 제안합니다. 저자는 제도화된 교회가 '선교'라는 교회의 본질을 회복하자고 제안합니다. '한마디로 '선교적 교회'로의 갱신입니다.

지난해 제가 담임하고 있는 만나교회는 'Re-다시'를 키워드로 한 해를 보냈습니다. 그동안 당연하게 여겼던 교회의 사역, 사명, 성경말씀 등을 다시 생각해 보자는 의미에서였습니다. 또한 올해의 키워드는 'CHANGE-변화'입니다. 다시 생각해 본 결과를 가지고 다양한 변화를 추구하고 있습니다. 이상훈 교수의 저서들은 저에게 많은 영감을 주었고, 또 새로운 고민들을 안겨 주었습니다.

주신 원고를 읽으며 앞으로 우리의 교회가 올바른 방향으로 가고 있는지 'Re Think, 다시 한번 생각하는' 기회가 되었습니다. 교회가 나아가야 할 방향에 대해 고민하는 많은 이들이 이 책을 통해 '새 포도주를 담는 새 부대'가 되기를 간절히 기도합니다.

만나교회 담임목사 | **김병삼**

급변하는 사회 환경 속에서 많은 교회와 그리스도인들이 미래에 대한 불안을 느끼고 있다. 포스트모던 문화가 확산하고 있고, 4차 산업혁명이 삶의 모든 영역에 깊숙이 파고드는 현실에서 과거의 낡은 패러다임에서 벗어나지 못하고 있는 교회들이 위기의식을 느끼고 있는 것이다. 어떻게 해야 하는가? 이상훈 박사의 『리싱크처치』는 이 질문에 대한 정확한 해답을 제시하고 있다. 이 책은 제도화의 폐해, 목회자들의 잘못된 성공철학, 신자들의 소비주의 사고방식에 대해서 예리하게 분석하고 있다. 게다가 목회자 세계에 만연한 프로그램 또는 방법론 중심의 해법을 제시하는 대신 근본적인 해결책과 처방을 제시하고 있다. 저자는 미래를 향한 진정한 교회 갱신은 근본적으로 교회의 본질에 대한 인식과 실천으로부터 가능하다고 역설한다. 독자들은 이 책을 통해서 과거와 현실에 대한 예리하고 깊이 있는 분석과 미래에 대한 올바른 방향을 파악할 수 있을 것이다. 새로운 목회를 꿈꾸는 신학생들과 본질에 기초한 교회 갱신을 추구하는 목회자들에게 일독을 권한다.

서울신학대학교 교수 및 한국선교신학회 회장 | **최동규**

목회자들 안에 늘 자리하고 있는 질문이 있습니다. "내가 어디에? 그리고 이제 어떻게?"가 그것입니다. 하지만 그 질문도 잠시, 곧 분주한 사역 일정에 떠밀려 늘 하던 패턴을 따라 목회를 진행할 때가 많습니다. 알죠. 언제나 출발은 주님의 부르심이어야 하고, 우리가 처한 상황들을 바르게 인식하며, 성경적 원리와 적절한 방법에 따른 목표와 실천을 계획한 후, 성령을 의지하며 멋지게 도전해야 한다는 것을 말입니다. 문제는 정말로 용기를 내어 그 일을 새로이 시도하는 것이 결코 쉽지 않다는 것입니다. 바로 그 이유로 이상훈 교수의 신간 『리싱크처치』는 진지함으로 목회의 여정을 걷는 이들에게 귀한 안내서가 됩니다. 본서를 통해 저자는 모든 목회자들이 꿈꾸는 목회 갱신의 여정을 급하지 않게, 하지만 모자라지 않게 차근차근히 안내하고 있습니다. 그는 우선 문제를 제기하고, 우리에게 다가와 있는 현실적인 도전들을 지적, 비판, 평가함으로 상황을 직시하게끔 도와줍니다. 또한 저자는 우리로 다시 시작할 수 있도록 성경적 원리와 지혜, 그리고 현실적인 사역 방법들과 선례들을 소개하고 제안합니다. 나아가 저자는 우리의 용기를 북돋고 꿈을 꾸게 한 후, 가장 중요한 본질 앞에 다시 세웁니다. 자, 이제 필요한 것은 이 『리싱크처치』를 도구로 하여 우리들의 사역을 반추하고, 목표지점과 실천사항들을 재설정한 후, 성령님과 함께 용기 있는 모험을 시도하는 것입니다. 부디 이 책이 진지함으로 이 길을 걷는 모든 분들에게 신선한 자극과 따뜻한 안내서가 되기를 바랍니다.

LA 유니온교회 담임목사 및 APU 겸임교수 | 김신일

세상에는 변하는 것과 변하지 않는 것이 있다. 많은 것들이 쉽게 변한다. 그렇지만 정말 가치 있고 중요한 것들은 오랜 시간이 지나도 변하지 않는 특성이 있다. 기업도 마찬가지다. 오늘날 기업 세계에서는 파괴적 혁신 혹은 대대적인 파괴(great disruption)라는 말이 유행이지만, 그들 역시 지키려 하는 '무엇'이 있다. 그것은 바로 '창업자 정신'이다. 연구에 따르면 지속 가능한 성장을 이룬 기업들은 하나같이 창업자의 가치, 사고방식, 태도 등을 온전히 유지 계승한다는 공통점이 있었다. 대부분의 기업은 성장해 가면서 처음 가졌던 반역적 사명의식(insurgent mission)이나, 현장 중심적 주인의식을 잃어버린다.[1] 그러나 오랜 세월 동안 자리를 지켜온 건실한 기업들은 하나같이 자신의 존재 이유와 사명에 대한 명확한 인식을 가지고 있다.

이러한 원리는 마케팅에서도 적용된다. 철저하게 소비자를 파악하고 그들의 필요에 맞게 제품을 홍보하는 이들에게도 더 소중한 '무엇'이 있다. 그것은 '가치'다. 그들은 사실 제품을 파는 것이 아니라 가치를 판다. 오늘의 소비자들은 가치를 소비하고, 가치를 입고, 가치를 경험하기 원한다.

그런 맥락에서 마케팅의 핵심은 '현상보다 본질, 거래보다 관계, 유행보다 기본'이라고 전문가들은 말한다.[2]

이뿐만이 아니다. 끊임없는 혁신과 지속적인 개선을 통해 변화 지향적 문화를 만들어 가는 조직들은 어떤가. 그들의 동력은 철저하게 '본질'로부터 나온다. 진정한 개혁은 본질에 뿌리내린 플랫폼을 형성해야 이루어진다. 새로운 갱신을 원한다면 본질을 붙잡고 그 이유와 목적, 가치를 끊임없이 물어야 한다.

"무엇을?"
"왜?"
"why?"

우리는 왜 이 일을 하는가?
우리는 왜 존재하는가?
우리는 왜 새로운 모험과 시도를 하는가?

모든 변화는 중심(core)에서부터 시작된다.[3] 아무리 좋은 전략과 방법, 기술이 있어도 본질이 약하면 결국 변질되거나 무너지고 만다.

여기, 변화가 절실한 교회가 있다. 이제는 위기의 단계를 넘어 생존 자체를 염려해야 하는 교회들에게 변화는 더 이상 선택이 아니다. 그렇다. 변해야 한다. 더 많이 변해야 한다. 어쩌면 지금이야말로 과거에는 생각지도 못했던 파괴적 방식과 급진적 방법을 통해서라도 굳어진 근육을 풀고 새로운 모험을 나서야 할 때인지도 모른다. 왜냐하면 바로 지금이 변화가 가져다줄 기회의 마지막 끝자락일 수 있기 때문이다.

안타깝게도 오늘날 많은 교회들이 변화의 필요성에 대해서는 공감하면서도 정작 변화를 일으킬 용기를 내지 못한다. 새로운 시대를 읽고 이해하고 적응하는 유연성이 떨어진다. 한마디로 우리의 교회는 창의성이 결핍되어 있다. 무엇이 문제일까? 필자는 그 원인을 호기심의 결핍으로 본다. 배움에 대한 갈증 없이 창의적 사고는 불가능하다. 새로운 정보를 풍부하게 받아들여 생각의 틀을 넓히고, 배운 것들을 상황에 맞게 적용하려는 노력이 뒤따라야 한다.

새로운 세계는 새로운 교회를 요구한다. 새로운 교회는 선교적 상상력과 모험을 통해 만들어진다. 이제는 모든 것을 버리고 모든 것을 배워야 할 때다. 새 포도주를 새 부대에 넣는 실험이 필요하다. 그러나 잊지 말아야 할 것이 있다. 이 모든 것의 기반은 '본질'에 기반한 모험이어야 함을… 본질의 회복 없이 진정한 개혁은 일어날 수 없음을 기억하라.

이것이 바로 본 저서를 쓰게 된 동기다. 교회 공동체를 향한 시대적 도전을 읽고 어떻게 대응해야 할지를 나누고 싶었다. 토인비(Arnold Joseph

Toynbee)의 말처럼 역사는 도전(challenge)과 응전(response)의 과정을 통해 발전한다. 새로운 교회를 꿈꾼다면 도전의 내용을 먼저 이해하고 창조적 대응을 할 수 있어야 한다.

1부에서는 현대 교회가 놓여 있는 사회적 상황과 도전에 대해 살펴보았다. 이 과정 속에서 혁신과 진보라는 약속 뒤에 감추어진 시대적 불안과 공포, 종교화된 교회의 부패성, 포스트모던의 도전과 소비주의의 파괴력, 성공에 대한 욕망과 제도에 갇힌 교회, 다음 세대의 문화 변동과 과제 등과 같은 주제를 다뤘다. 책을 읽으면서 독자들은 오늘날 교회를 위협하고 있는 요소가 무엇이고 어떻게 본질로 돌아갈 것인가를 고민하게 될 것이다.

2부에서는 응답적 차원에서 교회가 어떻게 갱신될 수 있는지를 다뤘다. 교회 갱신은 하루아침에 이뤄지지 않는다. 복음에 비춰 자신을 객관화하여 돌아보는 냉정한 평가와 진단이 필요하다.

'우리 교회가 처한 현상황은 어떠한가?'
'우리는 지금 어느 자리에 위치해 있는가?'

여기서 제시된 조직 수명주기 이론은 직관적으로 자기 자신을 평가해 볼 수 있는 틀을 제공한다. 이후 갱신의 원동력으로서 단순함과 본질이 가지는 미학적 특성을 다루고 교회가 처한 단계별 대응 전략을 살펴보았다.

마지막으로는 생명력 있는 교회들이 공통적으로 지닌 사역 방식을 기초로 선교적 상상력을 현실화할 수 있는 방안을 제시했다.

나는 이 책을 단순히 눈에 보이는 문제를 지적하거나 형이상학적 대안을 제시하고자 쓴 것이 아니다. 갱신의 실천적 영역을 다루기 원했다. 그렇기 때문에 본 저서는 새로운 교회 운동에 관심을 가진 모든 이들의 것이다. 본질에 기초한 변화를 열망하는 사람이라면 누구나 함께 책을 읽고 토론하고 대안을 만드는 과정에 참여했으면 좋겠다. 이를 통해 새롭고 창의적인 도전을 하는 교회, 세상 한복판에서 복음을 아름답게 살아낼 수 있는 교회 공동체가 곳곳에 세워질 수 있기를 소원한다.

혁신을 꿈꾸자. 그러나 그 혁신은 본질로 돌아갈 때만 가능하다. 시대를 읽고 대면하는 용기를 가지라. 도그마와 제도라는 울타리에 갇혀 숨죽여 있지 말라. 새로운 시대를 향해 용기 있는 도전을 하라. 창조주 하나님께서 새 영을 부으시고 창조적 사역을 이뤄 가도록 이끄실 것이다. 부패한 치즈를 과감히 버리고 신선하고 새로운 생명을 찾아가는 여정 속에 당신의 교회가 세워질 것이다.

감사의 글

한 권의 책이 나올 때마다 보이지 않는 곳에서 힘과 용기를 주신 많은 분이 있음을 깨닫게 된다.

먼저, 본 책이 나오기까지 평소 저자를 격려해 주시고 기쁨으로 추천사를 써 주신 존경하는 수영로교회 이규현 목사님, 만나교회 김병삼 목사님, 유니온교회 김신일 목사님, 서울신학대학교 최동규 교수님께 감사를 드린다. 또한 리폼처치(Re_Form Church)가 나올 때부터 한결같은 마음으로 동역해 주시는 교회성장연구소와 김형근 소장님께 감사를 드린다.

수년 동안 함께 고민하며 선교적 여정을 걷고 있는 MiCA(Missional Church Association)의 동역자들에게도 감사를 드린다. 우리의 연합과 헌신이 교회 생태계에 새로운 활력과 생동감을 불어넣을 수 있기를 바란다. 아울러 하나님 나라의 R&D로서 거룩한 모험을 실천하고 있는 시드교회(Seed Church) 공동체와 성도님들에도 감사를 표한다.

늘 기도와 섬세한 손길로 필요를 공급해 주고 용기를 주시는 오재선 전도사님과 최학선 박사님은 나에게 특별한 선물이다. 이들은 자신의 직업과 은사를 통해 일평생 선교적 삶을 살아온 하나님 나라의 작은 영웅들이다.

새롭게 총장으로 섬길 수 있게 된 AEU(America Evangelical University, 미성대학교)를 축복하고 싶다. 나는 이제 AEU가 미국과 한국, 전 세계에 퍼져있는 학생들과 동문들에게 진정한 선교적 리더를 양성하는 학교로서 자긍심을 가질 수 있도록 쓰임 받고 싶다.

마지막으로 늘 변함없는 사랑으로 삶의 안정과 살아갈 힘을 공급해 주는 사랑하는 아내 수정과 생명과 같은 두 아들 Justin & Caleb에게, 또한 한국의 가족들에게 깊은 감사와 사랑을 전하고 싶다. 그리고 이 모든 것 위에 나의 나 됨을 허락하신 하나님께 영광을 올려 드린다.

Contents

Part 1 _ ISSUE

Part 2 _ **SOLUTION**

—— **Part 1** ——

ISSUE

1장

불안과
공포의 시대

변화와 혁신의 시대! 이 시대를 살아가는 현대인들은 어떤 삶을 살고 있을까? 특히 오늘의 한국적 상황에서 교회의 미래를 생각할 때 너무 암울하고 불안과 공포마저 느껴진다. 세속화의 거센 파도 앞에서 무능해 보이는 교회는 이대로 무너질 것인가? 아니면 새로운 갱신과 대응을 통해 다시 부상할 것인가? 1장에서 빠르게 변화하는 시대와 오늘날 우리의 교회를 진단해 보자.

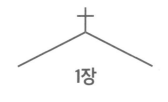

1장

불안과 공포의 시대

공포의 시대

"미래는 이미 와 있다. 단지 널리 퍼져 있지 않을 뿐이다." 로랜드 버거
(Roland Berger)는 윌리엄 깁슨(William Gibson)의 말을 인용하며 이 시대의 변화
와 혁신을 주도하고 있는 4차 산업혁명을 '이미 와 있는 미래'라고 선언했
다.[4] 로봇과 사물인터넷(IoT), 인공지능(AI)과 3D 테크놀로지 같은 혁신 기
술이 이끌 미래 사회는 인류의 삶을 어떻게 바꾸어 놓을까? 극대화된 편
리와 자동화가 인간을 더 행복하게 만들 것인가? 아니면, 쓰나미와 같은
대변혁이 인류를 불안으로 내몰 것인가?[5]

만약 기술의 발전과 인간의 행복이 비례한다면 오늘 우리는 과거보다 훨씬 더 큰 행복과 만족을 누리며 살 것이다. 그러나 이 시대의 현대인들은 과거 그 어느 때보다 큰 두려움과 불안을 느끼며 산다.

이것은 정말 아이러니한 현상이다. 사실, 20세기 중반까지만 하더라도 '안정제'라고 불리던 약은 존재하지 않았다. 그러나 1956년 '행복 알약, 마음의 평화를 주는 약, 행복을 처방하는 약'으로 불리던 신비의 알약 '밀타운'이 등장한 이래 신경 안정제는 이 세상에서 가장 흔하고 많은 사람들이 복용하는 약이 되었다.[6] 급변하는 현실과 불확실한 미래 속에서 사람들은 불안을 느낀다. 가정, 관계, 성, 조직, 경제, 교육, 정치…. 사회의 모든 요소들이 도전을 받고 변화를 요구 받는다. 이 시대에 변화 없이 지속 가능한 것은 아무것도 없다. 이렇듯 깨지기 쉽고 상처받기 쉬운 구조 속에 놓여 있는 현대인들은 생존을 염려하며 불안과 함께 살아가는 것이 일상이 되었다.

물론 사람들이 불안을 느끼는 이유가 단지 불완전한 사회 구조 때문만은 아닐 것이다. 문화 자체가 불안을 조성하는 분위기로 흘러가고 있는 것도 주원인이다. 데이비드 알세이드(David Altheide)는 『공포의 생성』(Creating Fear)이라는 책에서 현대사회가 얼마나 많은 두려움을 조장하는지를 추적 분석했다. 일례로 그는 1980년대 이후 신문기사들을 분석하면서 '두려움'이란 단어가 단지 양적인 증가뿐 아니라 질적인 측면에서도 다르게 사용되고 있음을 밝혔다. 원래 두려움이라는 단어는 특정한 어떤 사건을 묘사할 때 사용하던 용어였다. 그러나 지금은 전반적인 사회 상황을 그리기 위해 더 광범위하고 은유적으로 활용된다. 물론 이러한 현상에는 미디어와 대중문화의 역할이 크다. 철저하게 이윤을 추구하는 '대중매체의 논리'(media logic)는 '오락적 형식'(entertainment format)을 통해 더 강력하게 대중을 현혹시킨다. 드라마나 영화, 게임 같은 것들을 보라. 이들은 분명 상상력의 산물이지만 실제 생활에 강력한 영향력을 발휘한다. 시각적 효과가 극대화된 매스 미디어의 힘은 지구 반대편에서 발생한 사건조차도 생생한 현실감을 부여한다. 더 이상 먼 나라의 이야기가 아닌 내 자신의 이야기로 느끼게 되는 것이다. 현대 문화는 이렇듯 공포를 생성하고 불안을 조장하는 특징이 있다.

이는 과거 전통적 구조 안에서 살았던 사람들과 극명한 대조를 이룬다. 과거 전통 시대에는 그들이 거하던 지역이 작은 우주와 다름없었다. 제한된 공간 안에서 일상적으로 만나는 사람들과의 반복적인 경험을 통해 규율을 만들고 그것을 지키며 공존하며 사는 것이 삶의 전부였다. 그러나 기술과 과학의 진보는 시간과 공간의 장벽을 허물며 사람들을 열린 광장으로 몰아넣었다. 언뜻 보기에는 더 많은 것을 공유하고 더 자유롭게 소통하는 것처럼 보이지만, 불안을 조장하는 시대에 사는 사람들은 자신을 보호하기 위해 심리적 방어기제(defense mechanism)를 더욱 강화시킨다.

불안을 가중시키는 또 하나의 요소는 변화의 속도다. 변화의 내용을 이해할 수도 없을 만큼 빠른 속도가 사람들을 불안의 함정으로 내몬다. 이제는 고전이 되어 버린 앨빈 토플러(Alvin Toffler)의『제3의 물결』은 변화와 속도가 어떤 상관관계가 있는지를 보여 준다. 그는 문명의 발전을 세 가지 물결로 묘사했는데, 그 기간에 주목해 보자.

첫 번째 물결은 수렵 채집에서 농경문명으로의 전환이었다. 그는 이 시기를 기원전 8000년에서 서기 1700년경까지로 보았다. 하나의 문명이 새로운 문명으로 전환되는 데 무려 1만 년의 시간이 걸렸다.

두 번째는 산업혁명과 계몽주의로 대표되는 제2의 물결이다. 이 기간에 인류문명은 급진적으로 발전했다. 수천 년간 이어진 노동과 물물교환적 삶의 양태가 공장과 자동화라는 새로운 생산 시스템에 의해 영향을 받았다. 규격과 효율성을 기반으로 대량생산(mass product), 대량교육(mass education), 대량문화(mass culture), 대량매체(mass media)가 생성됐다. 전통적 작업방식과 집합적 가치관들은 분업주의와 개인주의로 대체되었다. 전문화, 집중화, 중앙집권화, 규모의 극대화 등이 새로운 가치로 떠올랐다. 다수의 사람들이 도시로 몰려왔고 사회는 훨씬 더 복잡하고 다원화된 상황으로 변모되었다. 제2의 물결이 완성되는 데는 약 300년의 시간이 필요했다.

이에 반해 20세기 중반부터 발생한 제3의 물결은 어떠한가? 고도로 발전된 과학문명과 함께 세계는 지식에 기반을 둔 정보 중심의 시대를 맞이했다. 사회를 이끌어 가던 동력과 원칙도 변했다. 산업화가 가져온 일률성과 획일성, 규모의 극대화 대신 다양성과 수평성, 대안 구조라는 새로운 시스템이 사회를 지배하게 되었다. 제3의 물결이 완성되는 데는 불과 수십 년밖에는 필요하지 않았다.

무엇을 발견하는가? 변화의 폭과 파장이 갈수록 커지고 있다. 변화가 발생하는 기간 역시 급속도로 짧아졌다. 제1의 물결과 제2의 물결이 수천 년, 수백 년에 걸쳐 진행된 반면, 제3의 물결은 수십 년이면 충분했다.

오늘날 우리가 이야기하는 4차 산업혁명도 같은 맥락에서 이해될 수 있다. 증기기관차와 함께 시작된 1차 산업혁명이 완성되는 데는 1백 년 이상의 시간이 필요했다. 이에 반해, 대량생산과 전기 에너지로 대변되는 2차 산업혁명은 50년, 컴퓨터와 IT로 대변되는 3차 산업혁명은 40년, 로봇과 인공지능, 빅데이터 등으로 대변되는 4차 산업혁명은 이보다 훨씬 더 짧을 것이라고 전문가들은 예상한다.

끊임없는 변화와 혁신은 피할 수 없는 것이다. 그렇지만 변화와 혁신이 사회 시스템을 더욱 공고히 만들지는 못한다. 삶의 자리가 얼마나 불안한지 모른다는 것이다. 그 대표적인 예가 2009년 미국발 금융위기다. 세계에서 가장 안전하고 튼튼하리라고 생각했던 미국 경제가 흔들리자 그 여파가 순식간에 전 세계로 퍼져 나갔다. 수많은 기업이 부도가 나고 사람들은 직장과 가정을 잃었다. 이후 그 영향력은 경제 영역을 넘어 사회, 정치, 교육, 문화 모든 분야에 파고들었다. 장밋빛 미래를 약속했던 인간의 제도가 얼마나 허약한지를 알게 해주는 사건이었다. 어디 이뿐인가. 곳곳에서 터지는 전쟁과 테러, 지진과 쓰나미, 총기 사고와 대량살상, 마약과 에이즈, 매번 새롭게 등장하는 변종 바이러스에 이르기까지…. 삶의 모든 영역이 얼마나 불안정하고 불확실한 토대 위에 세워져 있는지를 우리는 실감하며 살고 있다.

교회의 공포

물론 이러한 변화는 단지 개인적 삶의 현장에만 국한되지 않는다. 오늘날 서구 교회가 놓여 있는 현실 역시 마찬가지다. 끊임없이 변화하는 세상 속에서 교회는 역사상 그 어느 때보다 무기력한 모습을 보이고 있다.

역사학자 필립 젠킨스(Philip Jenkins)는 그의 책 『*The Next Christendom*』에서 "기독교는 죽어가고 있는가?"라는 충격적인 질문을 던졌다. 물론 그의 논지는 기독교의 중심축이 이동하고 있다는 점을 밝히는 데 있었다. 과거 서구 중심적이었던 기독교가 이제는 아프리카, 남아메리카, 아시아 등 제3세계로 이동하고 있다는 것이다. 그러나 여전히 충격적인 사실은 오늘날 서구 기독교의 쇠퇴가 너무 분명하고도 급격하게 진행되고 있다는 점이다.

Re_think Church

데이비드 올슨(David T. Olson)은 이러한 북미 교회의 상황을 마치 생명유지장치에 의존해 가는 모습과 같다고 묘사했다. 현재 북미 교회 헌금의 80%는 55세 이상의 성도들로부터 나온다. 이들이 역사의 현장에서 사라지는 그날, 생명유지장치의 플러그가 뽑힐지도 모른다. 오늘의 교회는 마치 낭떠러지 앞에 서 있는 듯 위태로운 모습이다. 중력에 의해 아래로 떨어지든지 아니면 극적 반전을 통해 새로운 돌파구를 찾아가든지 해야 하는 결단의 순간에 놓여 있음을 인식해야 한다.

한국의 상황 역시 마찬가지다. 한국은 현재 사회의 모든 영역에서 변화와 혼란을 경험하고 있는 중이다. 그도 그럴 것이 서구 사회가 3백 년에 걸쳐서 완성했던 근대화를 한국은 불과 30년 만에 이루었다. 급격한 경제 성장과 도시화, 세계화, IT의 발전과 끝없는 경쟁…. 과거와 현재가 공존하고 전통과 혁신이 뒤섞여 사회는 참으로 혼란스럽다. 문화의 차이는 세대와 지역의 갈등을 불러일으켰고 갑자기 창출된 부의 공습은 경제적 양극화와 불균형을 초래했다. 과거와는 비교할 수 없는 풍성함을 누리면서도 상대적 박탈감을 느끼는 것이 한국 사람들의 현실이다.

교회는 어떠한가? 경제 성장과 함께 찾아온 한국 교회의 부흥은 전 세계를 놀라게 했다. 한때 '이 세대 안에 세계 복음화'(The Evangelization of the World in this Generation)를 이루겠다는 사명 선언서를 자신의 것으로 여겨 왔던 한국 교회의 현실은 너무도 비관적이다. 안타까운 사실은 그러한 상황이 외부적 환경의 변화뿐만이 아니라 교회 내부의 문제들로 인해 촉발되고 있다는 점이다. 세속적이고 부도덕한 일들이 봇물 터지듯 수면 위로 부상하면서 교회를 향한 사회의 시선 또한 냉소적으로 변했다. 이제는 누군가의 말처럼 '교회가 세상을 걱정하는 시대가 아니라 세상이 교회를 걱정하는 시대'가 되고 말았다. 스스로 반성하고 자정할 수 있는 능력마저 잃어버린 듯 무기력한 모습을 보이고 있는 교회를 사람들은 혐오하기까지 한다. 젊은이들이 교회를 등지고, 교회를 다닌다는 사실이 부끄러워 자기 정체성을 숨기는 성도들이 생길 정도로 암울한 상황이 전개되고 있다. 누군가는 오늘날 청소년 복음화율을 1.5~3%, 대학생을 3~4%로 보기도 하는데 문제는 이러한 예측이 결코 과대 해석이 아니라는 점이다.

교회의 미래, 오늘의 한국적 상황에서 보면, 그 미래는 너무 암울해 보인다. 앞이 캄캄하다. 탈출구가 없어 보인다. 이러한 현상 속에서 교회는 불안과 공포를 느낀다. 세속화의 거센 파도와 무능해 보이는 교회의 반응은 과연 어떤 결과로 나타날 것인가? 이대로 무너질 것인가? 아니면 새로운 갱신과 대응을 통해 다시 부상할 것인가?

세상은 예측 불가한 속도로 변화하고 있다

증기기관차와 함께 시작된 1차 산업혁명이 완수되는 데 필요한 시간이 1백 년 이상이었다면, 대량생산과 전기 에너지로 대변되는 2차 산업혁명은 50년, 컴퓨터와 IT로 대변되는 3차 산업혁명은 40년이 걸렸다. 그렇기에 로봇과 인공지능, 빅데이터 등으로 대변되는 4차 산업혁명이 완성되는 시기는 이와 비교할 수 없을 만큼 짧을 것이라고 전문가들은 예상한다. 분명한 점은 그렇게 형성된 미래는 예측할 수 없는 모습으로 지속적으로 삶의 자리를 위협할 것이다. 측량과 예측이 불가능할 정도로 급변하는 시대 변화 속에서, 인간이 구축해 놓은 사회 시스템 또한 얼마나 허약한 것인지를 우리는 경험하고 있다.

교회도 변화의 소용돌이 한가운데 있음을 직시해야 한다

교회의 상황도 세상과 다르지 않다. 경제 성장과 함께 찾아온 한국 교회의 부흥은 전 세계 사람들을 놀라게 할 정도로 급격히 진행되었다. 한때 '이 세대 안에 세계 복음화'를 이루겠다는 사명 선언서를 자신의 것으로 여기기도 했던 한국 교회의 현 상황은 너무도 비관적이다. '교회가 세상을 걱정하는 시대가 아니라 세상이 교회를 걱정하는 시대'가 되면서, 교회는 무기력한 모습을 보이고 있다. 세속화의 거센 파도와 무능해 보이는 교회의 반응은 과연 어떤 결과로 나타날 것인가? 이대로 무너질 것인가, 아니면 새로운 갱신과 대응을 통해 다시 부상할 것인가?

2장

부패한
치즈

intro

참된 갱신은 현실을 인식하고 인정하는 것에서부터 시작된
다. 복음에 대해 호의적인 시대는 끝났으며 교회가 처해있는
환경은 매우 비관적으로 변했다. 교회에 대한 사람들의 부정
적 인식은 차치하더라도 외적 상황을 돌파할 수 있는 내적
에너지마저 소진된 현실은 매우 냉혹하기만 하다. 2장에서
는 무엇이 교회를 이처럼 경직되게 했는지를 진단해 보자.

2장
부패한 치즈

누가 내 치즈를 옮겼을까?

"치즈 냄새를 자주 맡아보면 치즈가 상해가고 있는 것을 알 수 있다!"

스펜서 존스(Spencer Johnson)가 쓴 『누가 내 치즈를 옮겼을까?』[7]에 나오는 한 대목이다. 줄거리는 매우 단순하다. '스니프'와 '스커리'라 불리는 두 마리의 생쥐와 '헴'과 '허'라 불리는 두 명의 꼬마 인간은 자신이 좋아하는 치즈를 찾기 위해 복잡한 미로를 헤매 다닌다. 그들에게 있어 치즈는 삶의 목적이며 의미였기에 치즈를 통해 행복과 성공을 꿈꾸고 그것을 성취하기 위해 최선의 노력을 기울였다.

그리고 마침내 그들은 자신이 그토록 바라고 원하던 치즈가 가득 들어 있는 창고를 발견하게 된다. 매일 아침 그들은 자신이 좋아하는 치즈를 먹기 위해 재빨리 옷을 갈아입고 운동화를 신고 민첩하게 치즈 창고를 향해 달려갔다. 그것이 일상이 되던 어느 날, 꼬마 인간들의 삶 속에 변화가 발생했다. 아침 늦게 일어나 천천히 옷을 갈아입고 슬리퍼를 신고 느긋하게 창고를 향해 걸어갔다. 창고 가득히 쌓여 있는 치즈를 보면서 긴장이 풀린 것이다. 이제는 풍부함을 즐기는 생활이 자연스러워졌다. 마치 창고 안에 있는 치즈가 영원할 것처럼 느끼면서 말이다. 반면에 두 마리 생쥐의 삶은 한결같았다. 여전히 긴장을 늦추지 않으면서 아침 일찍 도착해 치즈 주변을 돌면서 냄새를 맡았다. 어제와 다른 어떤 변화가 있었는지를 살피기 위해서였다. 모든 것을 확인한 후에야 그들은 치즈를 갉아 먹었다.

그러던 어느 날 아침이었다. 여느 날과 똑같이 도착한 창고 안이 텅 비어 있는 것이 아닌가. 그 광경 앞에서 생쥐들은 전혀 놀란 기색을 띠지 않았다. 어느 날부터 재고량이 줄고 있다는 사실을 이미 감지하고 있었기 때문이다. 두 마리 생쥐는 다시 운동화 끈을 동여매고 새로운 창고를 찾아 떠났다. 신속히 변화된 상황에 맞춰 자신의 행동과 선택을 변화시킨 것이다. 반면에 느지막이 도착한 꼬마 인간들의 반응은 어떠했을까? 텅 빈 창고를 보고 그들은 경악을 금치 못했다. "말도 안 돼! 이건 말도 안 돼!" 소리를 지르며 그들은 이렇게 물었다. "누가 내 치즈를 옮겼을까?"

두 생쥐는 깊은 미로를 오르락내리락하면서 치즈가 있을 만한 창고를 찾기 위해 필생의 노력을 기울였다. 그리고 그들은 마침내 새롭고 질 좋은 치즈들이 가득 쌓여 있는 새로운 치즈 창고를 발견했다. 이들은 감격에 젖어 환호성을 질렀다. 그러나 꼬마 인간들은 여전히 텅 빈 창고에서 사태를 분석하는 것에만 몰두하고 있었다. 받아들이기 어려운 현실적인 고통 속에서 이제 그들은 서로에게 책임을 돌리며 상호비방을 하기까지 이르렀다. 삶에 대한 걱정과 좌절이 밀려왔다. 악몽에 시달리고 신경이 날카로워졌다. 그들이 할 수 있는 것이라곤 과거 수북이 치즈가 쌓여 있던 창고 주변을 서성거리는 것뿐이었다. 혹시 사라진 치즈가 마술같이 나타나지는 않을까 하는 헛된 상상을 하면서 말이다. 그러나 현실은 언제나 냉혹했고 상황은 결코 호전되지 않았다. 사라진 치즈에 대해 집착할수록 사태는 더욱 악화되었다.

불투명한 현실에 안주해 있던 꼬마 인간 중 하나인 '허'는 드디어 현실을 받아들이기로 결정한다. 새로운 치즈를 찾기 위해 불확실한 미로 속을 다시 뛰어다녀야 하는 일이 두려웠지만, 그 두려움 때문에 아무 일도 하지 않는 것은 더 위험하다는 생각에 다다르게 되었다. 운동복과 신발을 다시 찾고 새로운 모험을 시작한다. 그러나 또 다른 꼬마 인간인 '헴'은 분노 속에서 새로운 모험을 거부한다. 결국 '허'는 혼자서 새로운 모험을 시작해야 했다. 현실에 안주하고자 하는 안일한 생각과 두려움을 떨쳐 버리는 일이 결코 쉽지 않았지만, 그의 결단은 그보다 훨씬 더 강력했다. 이제는 아직까지 한 번도 가본 적이 없는 곳을 향해 발걸음을 뗐다. 쇠약해진 몸을 이끌고 이전보다 더 어려운 여정을 시작해야 했지만 여기저기서 만나게 되는 장애물들을 넘어가며 모험을 계속했다. 미로 속에서 약간의 치즈를 발견하기도 했지만 삶을 지탱할 만큼 충분한 양은 아니었다. 이렇게 두려움과 용기 사이를 오가면서 그는 자기 자신을 위한 문구를 적는다. "새로운 방향으로 움직이는 것은 새 치즈를 찾는 데 도움이 된다." 놀랍게도 새로운 방향으로 움직이면서 점차 두려움이 극복되는 것을 느낄 수 있었다. 신선한 바람이 불어오고 형용할 수 없는 새로운 기쁨이 몰려왔다. 새로운 희망과 의욕이 생기면서 자신의 여정에 대한 확신이 들기 시작했다. 그리고 그는 이렇게 다시 글을 썼다. "사라져 버린 치즈에 대한 미련을 빨리 버릴수록 새 치즈를 빨리 찾을 수 있다." "과거의 사고방식은 우리를 치즈가 있는 곳으로 인도하지 않는다." '허'는 과거에 대한 집착으로부터 자유로워졌다. 새로운 미래를 향해 현실에 적응해 가면서 더 빠른 속도로 달리게 되었다. 결국, 그도 새로운 치즈 창고에 도달하게 된다. 이미 그곳에는 '스니프'와 '스커리'가 도착해 있었고, 그들은 '허'를 환하게 맞아 주었다.

'허'는 치즈를 찾아다니며 새로운 깨달음을 얻게 되었다. '변화는 새로운 것이 아니다. 변화는 항상 일어난다. 변화가 치즈를 옮겨 놓는 것처럼, 변화를 예상하고 새로운 환경에 적응하려는 준비와 자세, 행동이 중요한 것

Re_think Church

이다. 변화에 맞춰 자신도 변하고 치즈와 함께 움직일 수 있다면 변화는 두려움이 아니라 즐거움의 대상이 된다.'

교회의 치즈가 부패한 이유

오늘날 교회 갱신에 대한 우리의 자세는 마치 과거 수북이 쌓여 있던 치즈 창고를 그리워하며 현장 주변을 서성이고 있는 꼬마 인간의 모습과 같다. 과거에 누렸던 영화를 그리워하며 미련에 빠져 새로운 도전과 모험을 기피하는 연약한 모습! 눈앞에 닥친 변화조차도 직시하지 못 한 채 현실을 회피하고 그것을 정당화하기 위해 교회는 갖가지 이유를 만들어 낸다. 전통과 신학을 수호한다는 미명 아래 교권과 교리를 방패 삼아 철옹성을 쌓고 안전을 추구하는 모습은 세상과의 소통과 호흡조차 막아버리는 결과로 이어졌다. 그러나 고인 물은 썩기 마련이다. 변화를 두려워하고 회피하는 조직은 쇠퇴할 수밖에 없다. 오래된 치즈가 맛을 잃고 악취를 풍기는 것처럼, 세상을 변화시키고 회복시켜야 할 교회는 과거의 성공이라는 기억과 제도 속에 갇혀 스스로 그 맛을 잃어가고 있다.

참된 갱신은 현실을 인식하고 인정하는 것에서부터 시작된다. 복음에 대해 호의적인 시대는 끝났다. 어느새 교회가 처해 있는 환경은 매우 비관적으로 변했다. 교회에 대한 사람들의 부정적 인식은 차치하더라도 외적 상황을 돌파할 수 있는 내적 에너지마저 소진된 현실은 매우 냉혹하기만 하다.

　그렇다면 무엇이 교회를 이처럼 경직되게 만들었을까? 사실 중세 가톨릭의 부정부패에 맞서 새로운 개혁을 일으키며 발생했던 개신교회는 문자 그대로 교회의 교권과 교리적 오용을 비판하면서 시작된 운동이었다. 부패한 교회를 향한 마틴 루터의 95개 조 반박문이 비텐베르크 성문 앞에 게시되었을 때로부터 개신교회는 운명적으로 지속적인 갱신과 개혁을 추구해야만 했다. 끊임없는 자기 성찰과 회심만이 세속화로부터 교회를 방어하고 순결한 신부로서 세상 가운데 선교적 역할을 감당할 수 있기에 교회의 변화는 멈출 수 없다. 그러나 교회가 자기 자신을 제어하지 못하고 세속적 힘과 권력을 탐하기 시작했을 때, 성직을 매매하고 구원을 돈으로 맞바꿀 정도까지 교회는 더럽혀질 수 있다. 예수님 시대에 성전에서 장사하는 것을 자연스럽게 받아들였던 사람들처럼, 하나님의 이름을 통해 자신의 사리사욕을 채우며 세상적 성공을 도모하는 종교인들은 어느 시대나 얼굴을 달리하며 그 현장을 서성이고 있다.

　이러한 사실이 가장 극명하게 드러난 사건 중 하나가 바로 길고 긴 박해의 시기를 지나 기독교가 공인된 사건일 것이다. 313년, 콘스탄티누스 황제는 드디어 기독교를 합법적인 종교로 인준하였다. 기독교는 더 이상 불법적이며 반국가적 종교가 아니라 당당히 세상 속에서 복음을 증거할 수 있는 종교가 되었다. 380년, 테오도시우스 황제는 기독교를 로마의 국교로 삼는다. 마침내 긴 어둠의 역사가 끝나고 기독교는 제국의 유일한 종교가 되었다. 마침내 이 땅에 하나님의 통치와 평화를 실현시킬 절대적 기회가 온 것처럼 사람들은 환호하였다. 그때까지만 하더라도 기독교의 국교화가 부패의 전조가 되리라고는 아무도 생각지 못했을 것이다.

다음의 표는 기독교 왕국이 시작되면서 기독교 공동체 내에 어떤 변화가 발생했는지를 간략하게 보여 준다.

	초대교회(32-313)	크리스텐돔(313-현재)
모임	공동체 / 은둔 / 핍박	빌딩 / 지역
조직	이동 / 비중앙화 / 풀뿌리	제도적 / 계급적 / 상하구조
사회적 위치	주변 / 지하	사회, 문화의 중심
선교방식	선교적	유인적

<표 1> 초대교회와 크리스텐돔 비교

이제 기독교의 역사는 정반대로 변했다. 세상의 멸시와 천대를 받고 온갖 조롱과 죽음의 위험을 감수해야 했던 위기의 순간은 끝이 났다. 이제는 반대로 모든 사람이 태어나면서 자동으로 기독교 신앙을 받아들여야만 했다. 기독교가 군림하는 시대가 된 것이다. 음악, 미술, 건축, 문학, 철학, 사상, 삶의 모든 영역이 기독교의 영향력 아래 놓이게 되었다. 마치 이 땅에 하나님 나라가 성취된 것과 같은 착각이 들 만큼 외적인 환경은 기독교

를 중심으로 재편되었다.

그러나 화려한 단면 뒤에 가려진 본질은 어떻게 바뀌었는가? 사회가 기독교를 중심으로 변화될수록, 사람들이 거부감 없이 기독교로 흡수되면 될수록, 기독교의 타락은 가속화되었다. 기독교 역사학자 마크 놀(Mark A. Noll)은 그의 책 『*Turning Points: Decisive Moments in the History of Christianity*』[8]에서 서기 800년 12월 카롤루스 대제가 교황으로부터 신성로마제국의 황제직을 수여 받는 장면을 기독교 역사의 가장 중요한 장면 중 하나로 선정했다. 역사적으로 그는 교회를 통해 문화, 예술, 종교를 발전시켰고 근대 유럽의 정체성을 형성한 인물로 평가된다. 그가 '유럽의 아버지'로 불리게 된 이유다. 그러나 그의 시대에 교권의 힘이 강화되기 시작하면서 급기야는 황제가 교황의 권위를 필요로 하는 단계에까지 이르게 됐다. 교회와 국가의 경계선이 허물어지면서 '기독교 왕국' 즉, '크리스텐돔'(Christendom) 사상이 강화되었다. 이제 교회와 국가는 서로의 이익을 위해 상보적인 역할을 수행하는 동맹관계가 되었다.[9] 역사 속에서 국가와 교회가 서로 더 높은 권위와 힘을 발휘하기 위해 긴장과 갈등이 존재하기도 했지만, 기본적으로 그 결합이 강해지면 강해질수록 종교는 더 많은 권력을 소유하고 발휘할 수 있었다. 그런 측면에서 교황으로부터 황제 인준을 받는 카롤루스 대제의 모습은 전혀 어색한 사건이 아니었다. 오히려 그러한 의식을 통해 황제는 정통성과 권위를 인정받았고, 교회는 국가의 존립과 권세를 위한 파트너로서 국가의 비호 아래 그 세력을 확장시켜 갔다.

종교가 정치화되고 권력화될수록 교회의 세속화는 가속화됐다. 동시에 순수한 신앙적 토대와 복음의 본질은 급속히 약화되었다. 교회는 이제 세속적 성공의 통로가 되었고 권력의 상징이 되었다.[10] 예수를 따르는 길은 더 이상 좁은 길, 거친 길을 의미하지 않았다. 오히려 그 길은 넓은 길, 모든 사람이 가고 싶어 하는 길이 되었다. "누구든지 나를 따라오려거든 자기를 부인하고 자기 십자가를 지고 나를 따를 것이니라"(마 16:24) 주님은 그렇게 말씀하셨지만, 실제 그를 따르는 자들이 가야 할 길은 "그리스도의 남은 고난"(골 1:24)에 참여하고 주님께서 마실 고난의 잔을 함께 마셔야 하는(마 20:23) 좁고 험난한 여정이 아니었다.

복음전파와 선교의 개념 역시 변질되었다. 그리스도의 제자로서 하나님 나라의 복음을 땅끝까지 증거해야 하는 긴급한 사명은 국가라는 테두리 안에서 강압적이고 자동적으로 발생하는 제도적 장치에 의해 대체되었다. 즉 로마제국의 영토 안에 태어나는 사람은 누구나 세례를 받아야 했고, 교인으로 등록되었으며, 교회의 미사에 참석해야 했다. 지역적 통치가 곧 그 안에 있는 모든 사람과 사회를 기독교화하는 것으로 해석되었다. 선교의 긴급성과 필요성이 약화되는 것은 필연적 결과였다. 동시에 선교적 공동체로서 교회의 정체성 역시 사라져 버렸다. 제도가 신앙을 대체하게 되었기 때문이다.

물론 기독교 왕국(크리스텐돔)은 더 이상 존재하지 않는다. 17세기 이후 몰아닥친 르네상스와 계몽주의의 폭풍은 기존의 종교 중심적 세계관에 도전하며 크리스텐돔 시대의 종말을 고했다. 종교는 주변부로 밀려났고 그 자리엔 인간의 이성과 과학적 사고가 새로운 주인 행세를 했다. 근대화가 진행될수록 종교적 색채는 더욱 희미해졌다. 사회적 영향력은 상실되었고 교회가 설 자리는 더욱 좁아져만 갔다.

문제는 이러한 외적인 변화에도 불구하고 교회는 기독교 왕국의 사고를 지속하고 있다는 사실이다. 오늘날에도 교회는 사회 문화의 중심으로서 정치적 영향력을 발휘하고 싶어 하고, 여전히 과거에 형성되었던 제도와 계급, 상하구조를 유지하고 있으며, 화려한 건물과 외적 위용을 통해 그 세를 자랑하고 싶은 유혹을 떨쳐내지 못하고 있다. 세속화 시대를 살아가는 교회는 여전히 과거의 패턴을 답습하고 있다. 세상의 빛과 소금으로서, 하나님 나라의 대사로서 탁월한 윤리와 구별된 삶을 통해 복음을 증거하는 선교적 제자를 만드는 데 실패한 교회는 자체의 번영과 성장을 위해 요구되는 교회의 일꾼을 양산하는 일에 급급해 한다. 교회가 종교가 된 것이다.

칼 바르트(Karl Barth)는 우리의 신앙이 제도화되고 종교화되는 것을 강력히 비판했다. 기독교라는 제도 자체가 믿음과 구원을 담보하는 것이 아니기 때문이다. 진정한 믿음은 하나님을 인격적으로 만나고 그분의 부르심을 받아들이며 자신의 삶 속에서 신앙을 실천하고 실현해 나가는 삶으로 입증되어야 한다. 그런 측면에서 바르트는 모든 종교가 비종교(unbelief)화 되어야 한다고 주장했다. 기독교 역시 예외가 될 수 없다. 하나님은 종교라는 제도를 통해, 종교적 행위에 대한 응답적 차원으로 다가오시는 분이 아니다. 그분 스스로 자신의 사랑과 의지를 통해 세상에 오셨고 그 구원을 이루어 가신다. 그렇기 때문에 기독교 왕국의 관점에서 교회 자체가 구원의 보증이 된다는 신념은 더 이상 유용하지 않다. 구원은 예수 그리스도와 그의 복음을 통해서만 이루어진다.

교회는 과거 누렸던 권세와 특권에 대한 향수를 잊어야 한다. 하나님의 백성이 지향해야 할 나라는 세상의 힘과 권력을 가지고 문화의 중심이 되는 것에 있지 않다. 그의 나라와 의를 구하며 하나님의 통치와 질서가 회복되는 세상이 될 수 있도록 지속적인 회심을 이루는 갱신이 요구될 뿐이다.

새로운 치즈를 찾아서

이제 교회는 현실을 직시해야 한다. 변화된 세상, 변화된 환경 속에서 어떻게 하나님 나라를 전파하며 이루어 갈 수 있을 것인가. 어떻게 복음으로 자기 자신을 일깨우고 선교적 사명을 새롭게 함으로 세상과 소통하고 그리스도의 복음을 진리로서 증거할 수 있을 것인가. 이미 썩어 사라진 치즈 대신 새롭고 신선한 치즈를 찾기 위해 다시 운동복을 갈아입고 신발끈을 조여야 한다. 과거의 방식을 청산하고 새 치즈를 찾기 위해 새로운 방향으로 더 과감하게 빨리 움직여야 한다.

중요한 것은 현실에 대한 분명한 인식과 더불어 창조적인 대안을 마련하고 시도하는 노력이다. 감사한 것은 교회가 기독교 왕국의 특권에 취해 있을 때에도 하나님의 사명을 감당하기 위해 깨어 있던 소수가 있었다는 사실이다. 하나님의 역사는 바로 깨어있는 창조적 소수를 통해 이루어진다. 하나님은 그들을 통해 새로운 갱신을 일으키셨고, 부흥을 주시고, 교회 공동체에 영적인 활력을 불어넣으신다. 오직 성령으로 깨어있는 창조적 소수들, 그들이 바로 새 역사를 여는 주인공이 된다. 선교역사학자인 폴 피어슨(Paul E. Pierson)은 이렇게 증언하였다.

"선교운동에 관한 역사연구를 통하여 나는 다음과 같은 일반 원리들을 발견하였다. 선교운동은 부흥운동의 결과로 나타났다. 선교운동은 교회정치 조직의 변두리에서 태동되었다. 선교적 소명에 응답한 사람들은 대부분 교회나 사회에서 소외된 창조적 소수들이었다."[11]

냉정한 의미에서 보면, 오늘 한국 교회가 경험하고 있는 수많은 사건과 문제들은 교회가 제도적 힘을 얻게 되었을 때부터 예견된 일이었다. 토인비(Arnold Toynbee)가 말한 것처럼 역사는 반복된다. 그러므로 우리는 과거의 교훈을 통해 현재를 되돌아볼 수 있어야 한다. 현 상황은 분명히 매우 위험하고 절망적인 것처럼 보이지만, 동시에 새로운 돌파가 일어날 수 있는 시점이란 사실 또한 부정해서는 안 된다. 왜냐하면, 지금 이 시기에도 보이지 않는 곳에서 살아계신 하나님을 경외하고, 부흥을 사모하며, 그분의 뜻을 이 땅에 실행하고자 헌신한 백성들이 존재하고 있기 때문이다.

문제는 그렇게 깨어있는 소수가 창조적 사역을 시도하고 시작할 수 있는 여건을 만들어 줄 수 있는가 하는 점이다. 이 시대의 교회는 필연적으로 새로운 영역의 모험을 위해 나아가야 한다. 오늘 우리가 살아가는 현장은 더 이상 교권이 지배하는 시대가 아니다. 기독교 문화와 사상이 당연하게 인정되고 지배하던 시절은 끝났다. 세상은 더 다양한 사람들과 문화와 종교가 공존하는 장소로 변했다. 기독교 신앙을 유일한 진리로 전파하며 강요할 수 있는 여건은 철저히 와해되었다. 과거에도 그러했지만, 이제는 더더욱 참된 진리를 진리 되게 증거할 수 있는 진실된 삶과 그것을 전달할 수 있는 창조적 방안이 요구되는 때이다. 그것이 시대적 요청이다.

동시에 창조적 소수로서 하나님의 도구로 쓰임 받고 싶다면, 하나님 앞에 자신을 정결케 하고 자신을 드림과 동시에 시대의 변화를 온전히 이해하고 분석할 수 있는 안목 또한 구비해야 한다. 현실에 안주하면서 새로운 치즈를 발견하는 것은 불가능하다. 시대에 대한 분별과 날카로운 안목을 가지고 영적 돌파를 이루어 낼 수 있는 용기와 헌신이 있다면 이 시대의 어두움은 절망이 아닌 새로운 희망을 위한 전주곡이 될 것이다.

깨어 있으라. 뜨거움과 냉철함을 통해 자신을 준비하라. 그리고 새로운 창조적 여정을 위해 떠나는 모험을 기꺼이 감수하라. 그것이 갱신의 첫 출발점이 될 것이다.

교회의 치즈는 부패되었다

오래된 치즈가 맛을 잃고 악취를 풍기는 것처럼, 세상을 변화시키고 회복시켜야 할 교회는 과거의 성공이라는 기억과 제도 속에 갇혀 스스로 그 맛을 잃어가고 있다. 이제 교회는 과거에 누렸던 권세와 특권에 대한 향수를 잊어야 한다. 하나님의 백성이 지향해야 할 나라는 세상의 힘과 권력을 가지고 문화의 중심이 되는 것에 있지 않다. 그의 나라와 의를 구하며 하나님의 통치와 질서가 회복되는 세상이 될 수 있도록 지속적인 회심을 이루는 갱신이 요구될 뿐이다.

이제 교회는 새로운 치즈를 찾아야만 한다

교회는 현실을 직시해야 한다. 이미 썩어 사라진 치즈 대신 새롭고 신선한 치즈를 찾기 위해 다시 운동복을 갈아입고 신발끈을 조여야 한다. 과거의 방식을 청산하고 새 치즈를 찾기 위해 새로운 방향으로 더 과감하게 빨리 움직여야 한다. 중요한 것은 현실에 대한 분명한 인식과 더불어 창조적인 대안을 마련하고 시도하는 노력이다. 더불어 하나님 앞에 자신을 정결케 하고 자신을 드림과 동시에 시대의 변화를 온전히 이해하고 분석할 수 있는 안목 또한 구비해야 한다. 이러한 요건들을 갖춘다면, 이 시대의 어두움은 절망이 아닌 새로운 희망을 위한 전주곡이 될 것이다.

3장

사라진
무임 승차권

intro

급격한 문화변동과 함께 교회를 향한 무임승차권은 사라져 버렸다. 포스트모던의 부상은 전통과 절대성, 종교를 상대화했다. 모든 곳이 선교지가 된 시대, 한국 교회는 새로운 대안을 찾아갈 수 있을까? 3장에서 그 고민과 대안을 생각해보자.

3장
사라진 무임승차권

무임승차권이 사라지다

1963년의 어느 날, 미국 사우스캐롤라이나의 작은 도시 그린빌에서 발생한 사건이다. 도시에 위치한 폭스 극장이 주일에 영화 상영을 시작한 것이다. 주일? 일요일에 영화를 상영하는 것이 어떻게 사건이 된단 말인가생각할 사람이 많겠지만, 그 이전까지만 해도 미국의 도시들은 그러한 방침을 가지고 있었다. 안식일 엄수법으로 불리는 이 법은 주일에 모든 비종교적인 활동을 금지하고 있었다. 당연히 주일날이 되면 모든 상점은 문을닫았다. 심지어 자동차에 기름 넣을 곳 찾기조차 어려웠다. 주일 아침 9시

45분이 되면 마을의 중심 도로는 교회를 향하는 차들로 인해 마비가 될 정도로 혼잡했다. 교회를 중심으로 살아가는 것이 너무나도 자연스러웠던 시절, 부모들은 그들의 자녀가 평생을 의심 없이 깊은 신앙인으로 살아갈 것임을 결코 의심하지 않았다. 왜냐하면, 그 땅에 태어나는 것 자체가 기독교인이 되는 것을 의미했기 때문이다.

그러나 폭스 극장이 주일에 영화를 상영하는 첫날, 이미 청년들의 마음은 흔들리고 있었다. 얼굴도장을 찍고 교회 뒷문으로 빠져나와 존 웨인이 등장하는 극장으로 향하는 청년들의 모습을 상상해 보라. 스탠리 하우어워스(Stanley Hauerwas)와 윌리엄 윌리몬(William H. Willimon)은 그날을 회상하며 이렇게 말했다. "그날 저녁은 사우스캐롤라이나 식으로 유지되어 온 기독교 역사의 분기점이 되었다." 서구 사회에 몰려온 세속화의 물결과 맞서 싸운 마지막 보루가 무너졌기 때문이다. 그러면서 그들은 변화된 역사적 상황을 다음과 같이 진술했다.

"교회를 위한 무료입장권, 무임승차권은 사라져 버렸다. 누가 젊은이들에게 세계관을 심어 줄 것인가를 놓고 폭스 극장과 교회가 담판을 벌였다. 1963년 그날 밤, 전초전에서는 폭스 극장이 승리를 거두었다."

영원할 것 같았던 교회의 시대는 그렇게 끝이 났다. 이후 미국에서 세속화가 얼마나 빠르게 진행되었는지, 그 속에서 기독교적 가치와 문화가 얼마나 미약해졌는지 상상하기란 결코 어려운 일이 아니다. 상점들이 주일날 문을 여는 것은 당연한 일이 되었고, 더 이상 주일 아침 교회를 가기 위한 차들로 도로가 마비되는 일도 발생하지 않았다. 극장을 가기 위해 눈도장을 찍고 뒷문으로 도망가던 순진한 청년들도 사라졌고, 그들이 성장하면서 자연스럽게 충성스런 신앙인이 될 것이란 믿음 역시도 흔들릴 수밖에 없었다. 교회를 위한 무료입장권, 무임승차권은 그렇게 사라진 것이다.[12]

교회, 죽음을 알리다

교회의 황금시대가 지난 후 21세기 미국 교회의 현실은 어떻게 변모되었을까? 토니 존스(Tony Jones)는 무척이나 담대하게도 "교회는 죽었다"(Church is Dead)고 선언했다. 물론 그의 선언에는 모든 교회가 아닌, 적어도 전통적인 형태의 교회가 죽어가고 있다는 단서를 달았다. 교회가 죽었다고? 그렇다면 주변에 차고 넘치는 교회는 무엇이냐고 의아해 해는 사람들이 있을 것이다. 존스는 그러한 의문을 제기하는 사람들을 향해 공중전화를 비유로 해서 자신의 논지를 설명한다.

공중전화를 생각해 보자. 버스 터미널, 공항, 쇼핑센터, 어디를 가도 우리는 여전히 많은 공중전화를 볼 수 있다. 1997년도에 200만 개 이상이었던 공중전화가 지금은 100만 개 정도로 줄었다 할지라도 그 수는 적지 않다. 그러나 공중전화의 영광은 사라진 지 오래다. 과거에 비해 더 세련되고 청결한 모습을 갖췄지만 공중전화 박스엔 사람들의 왕래가 끊긴 지 오래다. 전화를 걸기 위해 길게 줄 서 있던 사람들 대신 전화 부스 안엔 커다랗고 어색해 보이는 두꺼운 전화번호 책만이 덩그러니 매달려 있다. 한국의 경우도 예외는 아니어서, 지난 5년간 1700억 원의 적자를 남겼다. 이러한 상황 속에서 만약 누군가 공중전화의 죽음을 선언한다면 이는 무엇을 의미하는 것일까? 우리는 여전히 이곳저곳에서 공중전화를 볼 수 있지만, 그 역할과 위상은 엄청난 위기에 처했다는 사실을 암시한다. 오늘날 공중전화의 역할을 대신하는 새로운 기기들이 많이 있다. 거의 모든 사람이 사용하고 있는 휴대전화와 컴퓨터 통신, 다양한 메신저 기기 등을 통해 소통의 양은 과거와 비교할 수 없을 만큼 폭발적인 성장을 이루고 있다. 과거 시대를 풍미했던 공중전화가 죽어가고 있을 뿐이다. [13]

토니는 이러한 맥락에서 오늘날 무기력해져 가는 교회의 모습을 직시해야 함을 요청했다. 이 시대의 교회는 무임입장권은커녕, 자칫하면 교회의 존립 자체까지 고민해야 할지 모르는 위급 상황에 다다랐기 때문이다. 이러할 때 새로운 교회 운동이 발생하고 있다는 소식이 너무 반갑다. 다행히 미국 교회는 지속적인 갱신의 노력을 통해 다양한 시도와 새로운 모델이 등장하면서 복음의 역동성이 이어지고 있다. 죽어가는 메인 라인 교회 대신, 새롭게 부상하는 젊은 교회들이 일어나고 있다.

일례로 'When God left the Building'이라는 다큐멘터리 영화를 제작했던 슐츠(Thom Schultz)는 심도 있는 조사를 통해 오늘날 제도적이며 교파적이고 회중적인 모델이 얼마나 급격하게 쇠락해 가고 있는가를 적나라하게 보여 주었다. 그는 거대한 교회 건물에 남아있는 소수의 회중을 통해 죽어가고 있는 교회의 모습을 실감나게 묘사했다. 그러나 그의 연구는 거기서 끝나지 않았다. 미래의 교회는 건물이 아닌 믿는 자들의 공동체로서의 교회, 즉 성도들이 진정한 그리스도의 몸을 이루며 다른 사람과 함께하는 신앙적 열정을 통해 새로운 모습으로 계속 진화해 나갈 것임을 보여 주었다.[14]

우리는 여기서 한국 교회의 과제를 발견한다. 한국 교회에는 과연 새 시대에 적합한 새로운 모델의 교회들이 일어나고 있는가? 기존의 교회에 실망감을 피력하며 교회를 떠나고 있는 세대들에게 다시금 신앙의 용기와 헌신을 유도할 수 있는 창조적 시도가 일어나고 있는가? 교회에 대한 불신과 조롱으로 가득 차 있는 세대들을 향해 참된 신앙이란 이런 것이라고 설득력 있게 보여줄 수 있는 진정한 신앙의 통로가 만들어지고 있는가? 시간이 지날수록 제도적이고 교파적인 교회들은 고리타분하고 구시대적인 조직으로 치부될 것이다. 시대를 읽고 문화와 호흡하며 사람들의 약함과 갈증을 치유하고 채워줄 수 있는 교회가 될 때 선교적 열정은 열매를 맺을 수 있다. 진정한 갱신은 상황에 대한 정확한 인식과 선교적인 이해로부터 시작되어야 함을 기억하며 현재 상황에 대한 간략한 이해를 시도해 보자.

변화된 지형 분석

분명한 점은 오늘날 현대 한국교회가 직면한 사회문화적 도전은 서구 교회가 경험해 온 역사적 여정과는 다른 기반 위에 서 있다는 사실이다. 그러나 다른 한편에서는 크리스텐돔 시대와 근대시대, 포스트모던 상황을 통과하면서 형성된 서구 교회의 기독교적 가치관과 세계관이 한국 교회에 거대한 영향을 끼쳐 왔다는 사실 또한 부정할 수 없다. 그러므로 변화된 지형을 이해하기 위해서는 서구 교회의 자기 이해와 한국적 상황의 독특성을 함께 고려하는 것이 효과적일 것이다.

포스트모던, 도전장을 던지다

현대 한국 사회의 문화적 상황은 서구 사회로부터 유입된 근대와 포스트모던의 영향이 전통적 가치관과 공존하고 있는 형국이다. 주지하다시피 한국의 근대화는 매우 급격하게 이루어졌다. 서구에서 수세기에 걸쳐 진행되었던 근대화를 한국은 불과 3-40년의 짧은 기간에 집약적으로 경험했다. 급격한 흐름은 모든 면에서 변화를 유도했다. 서구 근대 문화의 유입과 함께 전통적 삶의 양식은 강력한 도전을 받았고 사고와 가치, 시스템과 구조 등 모든 것을 변화시켰다. 그러나 그것에 채 적응하기도 전에 포스트모던의 물결이 밀려왔다. 컴퓨터와 인터넷, 스마트 기기의 보급과 함께 그 물결은 모든 분야를 급습했다.

그 충격은 실로 엄청난 것이었다. 적어도 서구 사회는 새로운 변화가 발생할 때마다 그에 대한 성찰과 고민, 철학적 해석을 할 여유가 있었다. 물론 그러한 노력에도 불구하고 20세기 중후반부터 몰아치기 시작한 포스트모던이라고 하는 새로운 사조의 부상과 도전에 대해서는 여전히 그 실체를 놓고 당황해 하는 기색이 역력하지만 말이다. 그런 관점에서 볼 때 오늘날 모든 분야에서 진통을 겪고 있는 한국의 사회 문화적 혼란은 어쩌면 자연스러운 결과일 수도 있다. 근대의 물결에 익숙해지기도 전에 더 강력한 포스트모던의 충격이 가해졌으니 말이다.

엄밀한 의미에서 포스트모던을 근대 문화와 완전히 구별하여 이해하는 것은 불가능하다. 앞서 언급한 것처럼, 한국은 여전히 근대주의의 영향 아래 사회 구조가 형성되었으며, 한쪽에서는 전통적 사상이, 다른 한쪽에서는 포스트모던의 영향이 공존해 있기 때문이다. 중요한 사실은 젊은 세대일수록 포스트모던의 영향이 강하고, 전통적이고 근대적인 사고방식에 대한 강한 거부감을 보인다는 점이다. 오래된 세대는 전통적 가치를 고수하며, 정부나 기업, 조직의 구조는 근대적이며, 그 속에서 자라는 젊은 세대들은 포스트모던적 성향을 보이는 복잡한 상황이 우리의 현실이다. 그런 차원에서 우리는 근대적 가치와 포스트모던적 가치에 대한 이해를 기반으로 다음 세대를 향한 선교적 접근 방식을 간구해야 한다.

포스트모던, 절대성을 거부하다

그렇다면 모던과 포스트모던의 차이는 무엇인가? 다양한 해석과 관점이 있음에도 불구하고, 포스트모더니즘(postmodernism)이 모던 시대(modernity)에 형성되었던 가치와 구조, 사상과 세계관에 대한 일종의 반성, 의심, 혹은 불신에 기반을 두고 있다는 데는 이견이 없다. 포스트모던은 모던 시대의 종결 혹은 후기 근대 시대에 형성된 새로운 어떤 것이다.[15]

돌이켜보면 모더니즘 역시 전통과 종교가 지배하던 시대를 종식하고 인간이 중심이 되는 새로운 흐름을 연 강력한 사건이었다. 이는 곧 인간에 대한 새로운 인식을 의미했다. 중세 시대까지만 해도 인간에 대한 이해는 매우 수동적이고 운명론적인 관점에서 이해되었다. 그러나 근대에서 바라보는 인간의 본질은 이성을 가진 합리적 존재였다. 인간은 더 이상 수동적이며 운명론적인 존재가 아니었다. 스스로 운명을 개척해 갈 수 있는 '독립적 자아'(autonomous self)로서 인간은 끝없는 진보를 가져올 가능성 있는 존재로 인식되었다.

반면에 주관적이고 추상적이며 영적인 것들에 대해서는 냉소적으로 취급되었다. 객관적으로 입증될 수 없는 것들은 반이성적이며 비과학적인 영역으로 취급되었다. 종교 역시 마찬가지였다. 이들에게는 종교야말로 전적으로 주관적이며 사적인 문제로 보였기 때문에 종교적 신앙은 개인적 영역에 머물러야만 했다. 어쩌면 근대사회는 인간의 자율성과 합리성에 근거한 보편적이며 절대적인 지식, 과학과 기술로 발생하게 될 끊임없는 진보, 신이 아닌 인간의 힘으로 성취하게 될 낙관적 미래 등에 대한 확신을 신앙화 했는지도 모르겠다.

이에 비해 포스트모던은 모던시대에 가졌던 미래에 대한 확신과 거대담론을 거부한다. 그들에게 있어 미래는 확인될 수 없다. 모든 것들은 상대적이며, 탈중심적이고, 해체적이라는 견해를 견지한다. 종교와 관련해서도 마찬가지다. 포스트모던 세대는 신비와 영적 경험에 대해 열린 태도를 가지고 있다. 그들에게는 영적인 삶에 반응하고 받아들일 수 있는 공간이 있으며, 영적인 경험 또한 중요한 것으로 여긴다. 많은 포스트모더니스트들을 가리켜 "그들은 영적인 존재"라고 지칭하는 말은 결코 과장된 말이 아니다. 음악, 미술, 문학, 영화 등 대중문화와 미디어의 반응을 보라. 대중의 삶 속에서 영적 요소를 사용하는 것은 매우 자연스러운 일이 되었다.

포스트모던, 종교를 상대화하다

그러나 문제는 영적인 것에 대한 열린 태도가 기독교 신앙과 직접 연결되는 것이 아니라는 데 있다. 포스트모던 세대가 관심을 가지는 것은 어떤 특정 종교의 영성에 국한되지 않는다. 그레이스 데이비(Grace Davie)가 표현했듯이 오늘날의 종교성은 "소속감 없는 신앙"(believing without belonging)[16]을 의미하며, 더 나아가서는 제도와 구조로 형식화된 종교가 아닌 "자기 자신"을 위해 존재하는 개인화된 종교적 체험에 가깝다는 점을 기억해야 한다. 사람들은 다양한 종교들을 동일 선상에 올려놓고 자기 취향에 맞는 종교를 선택하기 원한다. 일종의 거대담론, 즉 메타 내러티브(meta-narrative)에 대한 불신을 표명한 포스트모던 세대에게 종교는 더 이상 절대적이며 유일한 것이 아니다. 구원(혹은 초월)이라는 산을 향하되 그곳에 도달하기 위한 다양한 길이 있음을 그들은 믿는 것이다.

"나는 하나님을 믿는다. 다만 그 하나님이 여호와인지, 부처인지, 알라인지 모르겠다."[17] (Halle Berry)

"나는 회당에 가고 힌두교도 공부해요…. 모든 길은 하나님께로 통하니까요."[18] (Madonna)

할리우드의 유명 여배우 할 베리(Halle Berry)와 팝의 여왕 마돈나(Madonna)가 한 이야기다. 문제는 이들의 고백이 반기독교적 신앙을 가진 극렬한 종교 다원주의자들이 하는 말이 아니라는 점이다. 오히려 많은 부분 포스트모던을 살아가고 있는 현대인들의 태도를 대변하고 있다고 보는 것이 더 설득력 있다. 댄 킴볼(Dan Kimball)은 이러한 현상을 가리켜 마치 영적 뷔페에서 자신의 입맛에 맞는 종교를 선택하는 모습과 유사하다고 표현했다. 그러면서 기독교 국가로 생각되었던 미국이라고 하는 나라가 어떻게 세계에서 가장 종교적으로 다양한 국가가 되었는지, 얼마나 많은 신흥 종교가 세계 각지에서 몰려와 미국 사회를 흔들어 놓고 있는지를 냉정하게 묘사했다.[19]

유학생 초기에 나는 한동안 한국의 변화 속도에 대한 근거 없는 안도감을 가진 적이 있었다. 한국 문화가 미국에 비해 훨씬 더 보수적일 것이라는 편견을 가지고 있었던 것이다. 적어도 성적인 문제에 대해서만큼은 그 확신이 더 강했다. 미국 각 주에서 동성애 결혼 문제로 시끄러울 때, 미국이 직면한 도덕적 종교적 위기가 한국에 비해 훨씬 더 심각하다는 생각을 했다. 그러나 그것은 완전한 착각이었다. 얼마 지나지 않아, 연예계의 (나름) 유명 인사들이 커밍아웃을 하고, 동성애를 미화한 영화가 나오기 시작했다. 급기야 지상파 드라마에까지 등장하더니, 어느새 대학 문화의 중심인 신촌 한복판에서 퍼레이드를 하는 일까지 발생하였다. 한국의 문화적 개방성과 속도에 대해 엄청난 충격을 받은 사건이었다.

종교적인 측면도 마찬가지다. 한국은 그 어느 때보다 기독교에 대한 불신과 반목이 극심하다. 물론 그 내면에는 한국 교회 자체의 문제가 가장 큰 과제임을 부인할 수 없다. 그러나 동시에 영적인 것을 상품화하고 문화화함으로 경제적 이윤을 취하고, 또 그것을 무비판적으로 받아들이며 자기만의 영적 유희를 즐기는 사람들로 인해, 종교는 구원을 위한 절대적인 길이 아닌 상대적인 것으로 가벼워지고 있다.

"지금 한국에서 교회를 다닌다고 하면, 그것은 매우 창피한 일이에요. 마치 시대에 뒤떨어진 사람처럼 취급돼요!" 수업 시간에 한국에서 건너온 한 젊은 학생의 고백이 얼마나 마음을 참담하게 만들었는지 모른다. 그렇다. 서구에서 발생한 포스트모던의 흐름은 한국 사회를 강타하고 모든 문화와 종교적 관점을 뒤흔들어 놓고 있다. 예수만이 구원에 이르는 유일한 길이라는 사실에 대해 포스트모던 시대의 사람들은 고개를 흔든다. 세계 각국에서 몰려든 사람들로 인해, 바로 이웃에 불교와 이슬람교, 힌두교와 각 나라의 고유한 종교들이 뿌리를 내리고 있는 상황에서 유일한 신앙을 고백하는 것은 매우 독선적인 신앙 행태로 보일 수밖에 없다. 포스트모던의 도전은 선교지가 더 이상 먼 나라가 아니라 바로 우리가 살고 있는 지역임을 깨닫게 한다. 포스트모던이 던져준 도전 앞에 우리는 참된 신앙과 선교가 무엇인지를 다시금 고민하게 된다.

우리는 현실을 제대로 바라보고 있는가?

미국 교회는 급변하는 현실에 대한 인식과 대응으로, 다양한 시도와 새로운 교회 모델을 제시하며 복음의 역동성이 일어나고 있다. 한국 교회는 어떠한가. 새 시대에 적합한 새로운 모델 교회들이 일어나고 있는가? 기존 교회에 실망감을 안고 떠나고 있는 세대들에게 신앙과 용기, 헌신을 유도할 수 있는 창조적 시도가 일어나고 있는가? 어느 한 부분도 긍정적으로 전망할 수 없는 게 현실이다. 시간이 지날수록 제도적이고 교파적인 교회들은 고리타분하고 구시대적인 조직으로 치부될 것이다. 시대를 읽고 문화와 호흡하며 사람들의 약함과 갈증을 치유하고 채워줄 수 있는 교회가 될 때, 선교적 열정은 열매를 맺을 수 있다.

교회는 포스트모던의 도전 앞에 서 있다

현대 한국은 서구 사회로부터 유입된 근대와 포스트모던의 영향이 전통적 가치관과 공존하고 있는 형국이다. 포스트모던의 흐름은 한국 사회를 강타하고 모든 문화와 종교적 관점을 뒤흔들어 놓고 있다. 예수만이 구원에 이르는 유일한 길이라는 사실에 대해 포스트모던 시대의 사람들은 고개를 흔든다. '유일한 신앙'을 고백하는 것은 그들의 입장에서 매우 독선적인 신앙 행태로밖에 보이지 않기 때문이다. 이 도전은 선교지가 더 이상 먼 나라가 아니라 바로 우리가 살고 있는 지역임을 깨닫게 한다.

4장

소비주의의
파괴력

"더 크고(Bigger), 더 좋고(Better), 더 빠르고(Faster), 더 강하고(Stronger), 더 규모가 있고(More growth), 더 반짝이고(More bling), 더 많은 공간(More space)을 가진 너 자신의 브랜드를 구축하라(Build your own brand)."는 메시지가 시대를 관통하고 있다. 소비주의가 세상을 압도하고 있는 시대에 교회는 어떻게 본질을 붙들어야 할까? 4장에서 살펴보자.

4장

소비주의의 파괴력

고흐의 하나님, 소비자를 만나다

빈센트 반 고흐(Vincent van Gogh)는 빛의 세계로 우리를 초대한 예술가였다. 무엇보다도 그는 언제나 곁에 있지만 지나쳐 버리기 쉬운 것들―"물 위에 어른거리는 달빛 은빛, 해질녘의 마지막 붉은 빛, 등불 밑 고양이의 털빛, 어두운 방에 켜진 촛불 속 동그란 불빛" 등―에 영감을 불어넣는 데 천재적인 화가였다. 맥엔타이어(Marilyn Chandler McEntyre)는 그런 의미에서 고흐의 그림에 대해 "서서히 눈이 부시다."라는 찬사를 보냈다. 그의 작품이 이끄는 시각적 여행이 너무도 탁월했기 때문이다.[20]

고흐의 작품을 이해하기 위해서는 그의 삶에 담겨 있는 삶의 갈등과 영적 갈망에 대한 고뇌를 알아야 한다. 고흐는 사실상 불안정한 천재였고 기인이었다. 무엇보다도 그는 삶의 마지막에 스스로 자신의 귀를 자르고 자살을 할 정도로 불안정한 인생을 살았던 인물이다. 그러나 한때는 선교사의 삶을 살기도 했을 정도로 뜨거운 신앙의 열정을 보이기도 했다. 극심한 정신병으로 불행하게 생을 마감했지만, 적어도 그가 불신을 드러내고 반목했던 대상은 예수가 아닌 제도권의 교회와 성직자였음을 우리는 알고 있다.[21] 이러한 사상을 엿볼 수 있는 그림이 '별이 빛나는 밤'(The Starry Night)이라는 작품이다. 스카이 제서니(Skye Jethani)는 이에 대해 다음과 같은 해설을 했다.

빈센트 반 고흐(Vincent van Gogh)의 'The Starry Night'

론 잉글리쉬(Ron English)의 'Starry Night Urban Sprawl'

고흐는 별이 소용돌이치는 듯한 밤하늘 아래 고요한 작은 마을을 그렸다….
고흐가 하늘에 색칠한 짙은 청색은 하나님의 무한한 실재를 상징하며, 천체들을 표현하는데 사용한 노란색은 고흐에게 신성한 사랑을 의미한다. 별들이 뿜어내는 거룩한 빛은 아래에 자리한 마을에서 다시 한 번 빛난다. 집집마다 온기 어린 노란빛을 밝히고 있는 것이다. 하늘에서 느껴지는 하나님의 다정한 존재감은 고흐에게 이 땅에서도 살아 있었다.

그러나 고흐가 그려낸 이 마을에 빛이 없는, 즉 거룩한 실재가 존재하지 않는 건물이 하나 있다. 바로 교회다. 교회를 둘러싼 말 없는 어둠은 제도적 교회가 '얼음 같은 냉담함'으로 가득 차 있다는 고흐의 비판을 대언한다.[22]

제도화되고 무능력한 교회에 대한 고흐의 비평적 평가가 100여 년이 훌쩍 지난 오늘날에는 어떻게 반영될 수 있을까? 제서니는 고흐의 작품을 패러디한 론 잉글리쉬의 작품을 대비적으로 보여 준다. 그의 그림에는 원작에 그려진 프랑스의 작고 평화로운 마을이 패스트푸드점과 할리우드의 상징물들로 대체되어 있다. 불 꺼진 교회 위에는 킹콩이 올라가 있고 첨탑에는 맥도널드 상표가 십자가를 대신한다. 교회 창문에 환한 빛이 비친다. 그러나 이것은 하늘이 아닌 세상 상점들이 반사되어 만들어진 빛이다. 잉글리쉬는 세상적 가치에 물든 교회를 비꼬았다. 물질에 기반을 둔 세상적 번영을 추구하는 교회, 기업과 마케팅, 각종 오락적 요소로 사람들을 미혹하는 교회, 십자가는 간곳없고 사람들의 필요와 요구로 점철되어 있는 교회, 바로 소비자 중심적 종교로 변질되어 가는 교회의 현실을 그는 비판하

고 있는 것이다.[23)]

교회, 소비주의에 무릎을 꿇다

포스트모던이라는 또 다른 흐름 속에서 방향을 잡지 못하고 있는 교회
는 소비주의라는 강력한 도전을 만나게 되었다. 물론 소비 자체를 비판하
는 것은 아니다. 생산과 소비는 자본주의 경제를 지탱하는 매우 중요한 축
이다. 문제는 소비 자체가 목적이 될 때다. 이 시대를 생각해 보라. 지금은
소비를 조장하는 시대다. 텔레비전과 인터넷, 각종 옥외 광고판에는 "나
를 소비하라."는 메시지로 가득하다. 더 많은 소비가 더 큰 행복을 보장한
다는 메시지로 소비자를 충동질한다. 현대의 소비주의는 중독(addiction)과
착취(exploit)와 깊은 연관성을 맺는다. 지속적인 광고를 통해 소비란 좋은
것, 행복과 기쁨을 주는 것, 선한 것이라는 거짓된 믿음을 심어 주기에 세
상은 바쁘다.

사실 전통 사회에서 경제는 생존을 위한 생산에 초점이 맞춰져 있었다.
그러나 헨리 포드(Henry Ford)가 자동차 조립 생산 설비를 고안한 이후, 세계
는 대량 생산의 시대로 진입했다. 급속한 기술의 발전은 필요 이상의 생산
을 가능케 했고, 이는 곧 수요 공급의 균형이 붕괴되는 것을 의미했다. 이
러한 상황 속에서 한정된 소비자를 중간에 둔 기업들의 경쟁은 더욱 치열

해졌다. 당연히 기업들은 소비자의 관심과 기호에 촉각을 세우고 소비를 유도하기 위해 필사의 노력을 기울인다. 소비자가 원하는 것이 무엇인지, 어떻게 흥미를 끌 것인지 무엇으로 그들의 지갑을 열게 할 것인지에 대한 다양한 조사와 연구를 통해 소비자를 유혹한다. 이제는 좋은 상품을 만드는 것만으로는 충분하지 않다. 오히려 독특하고 고유한 이미지를 형성하여 소비자로 하여금 브랜드를 소비하게 만드는 전략이 더 효과적인 시대가 되었다. 스타일과 이미지, 감각을 자극하여 소비를 충동하는 문화가 일반화된 것이다.

아마도 애플(Apple)만큼 이를 설명하기에 적합한 예는 없을 것 같다. 창조와 혁신의 아이콘이라 할 수 있는 스티브 잡스(Steve Jobs)가 쓰러져 가는 회사를 살리기 위해 다시 돌아왔을 때 가장 먼저 했던 것은 다름 아닌 회사의 이미지를 바꾸는 일이었다. 그는 회사의 건재함을 알리기 위해 그 유명한 "Think different"(다르게 생각하라)라는 문구를 만들었다. '애플은 아직 죽지 않았다. 여전히 새롭고 특별한 무언가를 추구하고 있다.'라는 것을 알리기 위해 총력을 기울였다. 전략은 대성공이었다. 창조적이고 혁신적 제품들과 함께 애플은 이제 변화와 새로움, 세련됨의 상징이 되었다. 애플이라고 하는 브랜드는 제품 자체를 넘어 소비자들에게 자부심을 심어 주었고 이를 통해 회사에 충성하는 수많은 사람을 생산해 냈다. 그러한 이유 때문에, 사람들은 애플의 새로운 휴대전화가 나올 때마다 매장 앞에서 며칠 전부터 노숙하며 물건을 먼저 사기 위해 헌신을 한다. 브랜드의 힘이다.

〈포춘〉(Fortune)지로부터 "커피를 갈아 금으로 만든다."라는 찬사를 받았던 하워드 슐츠(Howard Schultz)와 스타벅스 또한 브랜드를 통해 전 세계적 기업이 된 대표적인 경우다. 슐츠는 "훌륭한 브랜드는 차별화가 분명하고 기억에도 생생히 남으며 제품 자체가 사람들로 하여금 기분이 좋아지게 만든다. 또한, 강력하고 편리한 유통망을 지니고 있는데, 스타벅스의 경우 그것은 바로 스토어다."라고 말했다. 처음 뉴욕 맨해튼이나 워싱턴 D.C., 휴스턴 등 새로운 도시에 매장을 오픈할 때마다 고객들은 스타벅스의 에스프레소를 마시기 위해 일렬로 줄을 서서 장사진을 이루는 진풍경을 연출했다. 이러한 현상은 미국을 넘어서서 캐나다와 일본, 세계 어디서나 일어났다. 정장을 입은 남성들, 우아한 머플러를 걸친 여성들, 젊고 자유로운 젊은이들이 세대를 막론하고 스타벅스를 마시기 위해 몇 십 분씩 줄을 서는 모습을 통해 우리는 브랜드의 힘이 얼마나 막강한지를 깨닫게 된다.[24] 이러한 현상이 어떻게 발생한 것일까? 스타벅스의 목표는 사람들이 단순히 커피를 많이 마시게 하는 데 있지 않았다. '스타벅스'의 커피를 마시게 하는 것이 그들의 목표였다. 물론 최고의 브랜드는 마케팅 자체만으로 만들어지지 않는다. 끊임없는 노력과 새로운 시도, 열정과 헌신을 통해 고객에게 감동과 만족을 줄 수 있는 기업만이 지속적인 지지와 헌신자를 유발할 수 있다.

이러한 이유 때문에 오늘날의 기업들은 브랜드 개발에 총력을 기울인다. 그리고 그 영향력은 절대적이다. 더글라스 앳킨(Douglas Atkin)은 브랜드가 이 시대의 새로운 종교라고 표현했다.[25] 이제는 "더 크고(Bigger), 더 좋고(Better), 더 빠르고(Faster), 더 강하고(Stronger), 더 규모가 있고(More growth), 더 반짝이고(More bling), 더 많은 공간(More space)을 가진 너 자신의 브랜드를 구축하라(Build your own brand)."는 메시지가 시대를 관통하고 있다.[26]

문제는 이러한 변화가 교회의 사역과 본질을 새롭게 형성하는 데 엄청난 영향을 미치고 있다는 점이다. 사실 오늘날의 교회 모습은 동네에 있는 여느 백화점의 모습과 별반 다르지 않다. 교회는 역량을 총동원하여 성도들의 필요를 발견하고 그것을 충족시켜 주기 위해 애쓴다. 어느 때부터 우리는 그것이 교회 성장의 지름길이라고 굳게 믿게 되었다. 성도들을 최대한 편하게 해주고, 그들이 원하는 것은 무엇이든지 공급해 주며 서비스하려는 교회가 되기 위해 얼마나 많은 인력과 물질을 투자하고 있는가. 그러는 사이 교회는 빠르게 세속화되어 가고 있다. 언제부터인가 좋은 교회는 하나님께 민감한 교회가 아니라 성도들의 상황과 필요에 민감한 교회, 그것을 채워 주는 교회를 가리키는 용어가 되었다. 그리고 안타깝게도 그러한 현상은 더 빨리, 더 많은 교회로 퍼져 나가고 있는 중이다.

소비자가 된 성도들은 마치 쇼핑 카트를 몰고 필요한 물건을 고르는 고객들처럼, 여기저기를 기웃거리며 자신의 필요를 채워줄 수 있는 종교 찾기에 혈안이 되어 있다. 동시에 교회는 그러한 소비자들의 선택을 받기 위해 브랜드를 구축하고 마케팅을 한다. 결국, 참된 제자도가 결핍된 소비자 중심적 시스템은 하나님을 향한 헌신이 아닌 그 하나님을 공급해 주는 제도적 교회에 헌신하게 되는 미묘한 결과를 낳고 말았다.

한국 교회, 소비주의에 편승하다

한국 교회는 어쩌다 소비주의에 물들게 되었을까. 사실 한국 교회의 부흥은 산업화를 기반으로 한 경제성장과 그 맥을 같이해 왔다. 1970년대 이후 한국 경제는 한강의 기적으로 불릴 만큼 놀라운 중흥기를 맞았다. 그러나 이 기간은 국가 경제를 살려야 한다는 논리 아래 정치적 독재가 가능한 시기였고, 이로 말미암아 많은 국민은 인권과 경제적인 차별을 감수해야 했다. 그럼에도 대다수의 국민은 국가와 가족을 위해 자신의 희생을 당연시 여겼다. 그만큼 시대는 긴박했고 생존에 대한 열망은 절실했다. 이를 위해 값비싼 대가를 치러야 했고, 치열한 삶은 일상이 되었다.

되돌아보면 당시 교회는 억압받고 억울한 사람들의 피난처였다. 현실 속에서 눌리고 찢기고 아파하는 사람들을 어우르고 위로하며 새 시대의 희망을 던져 준 곳이 교회였다. 사람들은 교회에서 웃고 울고 함께하며 이전에 경험하지 못했던 참다운 생명 공동체를 경험했다. 세상의 대안 공동체로서 역할을 감당했던 교회는 성령의 역사와 함께 폭발적인 성장과 발전을 이루어 갔다.

그러나 생존의 시기가 지나고 사회 경제적 안정이 이루어지면서 이후 세대의 가치관과 필요는 빠르게 바뀌었다. 과거의 사람들은 생존과 생산을 위해 살았다. 그러나 이 후의 세대는 누림과 소비를 위해 산다. 과거에는 자기희생과 헌신이 일반적 가치였지만, 새로운 세대는 자기중심적이고 자기만족적인 문화 속에서 살아가고 있다.

종교 내부의 변화 역시 필연적일 수밖에 없었다. 막스 베버(Max Weber)의 이론에 의하면 정치적, 사회적, 경제적으로 약자일수록, 혹은 불이익을 당하는 계층의 사람일수록 더 많이 종교에 의지하는 경향을 보인다고 한다. 이러한 연구를 기반으로 박탈에 대한 보상을 종교에서 찾으려 하는 경향성이 있다는 '박탈—보상 이론'(deprivation-Compensation Theory)이 나왔다. 본 이론에 따르면 가난하고 복지 수준이 낮은 나라일 경우 더 많은 사람이 종교를 의지하려는 성향이 강하다.[27]

한국 교회의 부흥과 성장, 그리고 오늘날의 수적 감소는 사회 변화이론에서 보면 자연스러운 결과다. 과거 나라를 빼앗기고 6.25 전쟁을 겪으며 경제적 생존이 최대 화두였을 때의 한국 교회는 지금보다 훨씬 더 뜨겁고 열정적이며 헌신적인 공동체의 모습이었다. 그러나 사회 경제적 발전에 따라 생산보다 소비가, 희생보다 자기만족이 더 중요한 시대로 접어들면서 종교나 교회에 대한 관심은 자연스럽게 약화되었다. 이들은 이전보다 더 많이 누리고 소유하고 소비하기 원한다. 치열한 경쟁 속에서 남들보다 더 빨리 높이 올라가 편안한 삶을 살고자 하는 열망이 넘치는 곳이 바로 한국 사회의 현실이다. 어느 순간 눈에 보이지 않는 영적 세계보다 눈에 보이는 육적 세계에 초점이 모인 사회를 사는 젊은이들은 참된 목적과 가치를 상실한 채 맹목적인 성공과 성취를 향해 길을 걷는다. 영적인 공허와 허무함을 인식하지도 못한 채 말이다.

소비주의가 일반화된 문화 속에서 한국교회는 시대적 흐름에 역행하는 가치창출을 하는 데 실패했다. 오히려 시대적 조류에 적응하는 안타까운 모습을 보이고 있다. 이제는 교회도 브랜드가 되었다. 무한 경쟁과 성장에 치우쳐 본질을 상실해 버린 한국 교회, 회심성장이 멈춰 버린 교회, 건물과 외형적 화려함에 취해 버린 교회, 수많은 프로그램과 행사로 일 년 열두 달이 바쁘게 돌아가는 교회, 사회적 책임과 섬김을 교회성장의 방편으로 삼는 교회, 이동성장을 어쩔 수 없는 현상으로 받아들이고 합리화시키는 교회, 수적 성장을 위해 모든 것을 집중하는 교회, 주일학교가 죽어가고 젊은이들이 교회를 떠나도 두 손을 놓고 있는 교회, 제왕적 리더십을 발휘하며 권력의 남용과 실수조차도 미화시키는 교회, 사회적 비판과 외면을 당하면서도 자기 일이 아닌 것처럼 여기는 교회, 시대를 향한 예언자적 사명을 잃어버리고 자기 자신에 몰두하고 있는 교회, 교회 됨이 무엇인지를 망각하고 있는 교회, 그러면서도 하나님의 영광을 위해 오늘도 열심히 온 힘을 다하고 있다고 여기는 교회…. 그 역시 소비주의에 편승하고 있는 우리의 자화상이 아닐까.

이제 우리는 기독교 공동체의 사명에 대해 다시 물어야 한다. 현대문화의 한복판에서 우리는 의도적인 상황화와 성육신적 접근을 통해 복음전파의 사명을 감당해야 한다. 그렇지만 이것이 세상과의 동일화와 세속화를 의미하는 것은 아니다. 이 모든 것은 결국 하나님 나라를 이 땅에서 경험하게 하고 도래하게 하며 복음으로 세상을 전복시킬 수 있는 대안적 삶[28]을 살아가는 성도들의 공동체가 형성될 때만이 가능한 것이다. 그러므로 무엇인가? 세상에 편승할 것인가, 복음으로 돌아갈 것인가? 관점의 변화와 선택이 요구된다.

소비주의는 현대 교회에 어떤 영향을 미치고 있는가

포스트모던이라는 새로운 문화적 흐름 속에서 방향을 잡지 못하고 있는 교회는 소비주의라는 강력한 도전 앞에서도 교회 됨의 본질을 잃어버릴 위급한 상황에 직면하게 되었다. 소비자가 된 성도들은 마치 쇼핑 카트를 몰고 필요한 물건을 고르는 고객들처럼, 자신의 필요를 채워 줄 종교 기관을 찾기 위해 노력한다. 교회는 그런 소비자들에게 선택받기 위해 브랜드를 구축하고 마케팅을 한다. 결국, 참된 제자도가 결핍된 소비자 중심적 시스템은 하나님을 향한 헌신이 아닌 그 하나님을 공급해 주는 제도적 교회에 헌신하게 되는 미묘한 결과를 낳고 말았다.

교회 공동체의 사명에 대해 다시 생각해야 할 때다

소비주의 문화 속에서 한국 교회는 그 조류에 적응해 버리는 안타까운 모습을 보이고 있다. 경쟁과 성장에 치우쳐 자기 교회 중심적인 사고가 팽배해지면서 하나님 나라의 관점을 상실해 버렸음에도, 애써 그 위험을 외면하고 있다. 우리는 여기서 벗어나 기독교 공동체의 사명에 대해 다시 물어야 한다. 현대문화의 한복판에서 우리의 사명은 복음을 증거하기 위해 최대의 노력을 기울이는 것이지만 이것을 세상과의 동일시, 세속화 수용으로 이해해서는 안 된다. 이 모든 것은 결국 하나님 나라를 이 땅에서 경험케 하고 도래케 하며 복음으로 세상을 전복시킬 수 있는 대안적 삶을 살아가는 성도들의 공동체가 형성될 때만 가능한 것이다.

5장

성공에 대한 욕망

북미 지역에서는 죽어가는 교회를 떠나 방황하던 젊은이들
이 새롭게 모여드는 교회들이 있다. 기존의 화려하고 웅장한
교회 건물이 아닌 창고 건물이나 극장, 학교 강당 등이다. 당
연히 시설이나 목이 좋지 않지만 수많은 젊은이가 모이고 있
다. 왜인가? 건물인가? 프로그램인가? 그들은 가치를 원한
다. 교회다움을 원한다. 이에 대해 5장에서 생각해 보자.

5장
성공에 대한 욕망

가치를 팔다!

　천사들의 도시라 불리는 로스앤젤레스(Los Angeles)의 다운타운은 그 이름만큼 평화롭고 매력적인 장소가 아니다. 붉은 벽돌로 지어진 오래되고 낡은 공장과 창고 건물들이 주를 이루고 있는 도심의 중심부는 산업화의 잔재와 황량함을 그대로 간직하고 있다. 다운타운의 끝자락에 자리잡고 있는 아트 디스트릭트(Art District) 역시 한동안 버려진 도시와 다름이 없었다. 그렇게 위험스럽게만 느껴지던 거리가 살아나기 시작했다. 특히 이 지역이 예술구역으로 제정된 후 모여든 예술가들에 의해 도시는 생기를 되찾았다. 그들이 가장 먼저 한 일은 낡아빠져 허물어질 것 같은 건물 외벽에 독특하고 개성 넘치는 그림을 그리는 일이었다. 거리는 어느새 독특하고 아름다운 디자인과 대형 벽화들로 가득차게 되었다. 거리가 살아나자 독특한 향과 맛을 자랑하는 커피 전문점들이 들어서기 시작했다. 그중의 하나가 '블루보틀'(Blue Bottle Coffee)[29] 커피숍이다. 커피를 사랑하는 소수의 젊은이들이 모여 시작된 작은 커피숍이 지금은 그 훌륭한 맛과 분위기로 인해 다운타운의 명소가 되었다. 사실 명성에 비해 턱없이 작은 매장에는 언제나 커피를 음미하기 위한 젊은이들로 붐빈다. 곳곳에 스타벅스(Starbucks)와 커피빈(Coffee Bean), 피츠커피(Peets Coffee) 같은 대중적 커피숍들이 있음에도 불구하고 왜 사람들은 굳이 이곳을 찾는 것일까? 비 오는 어느 오후, LA에서 가장 깊은 맛과 향을 자랑하는 핸드드립 커피를 마시며 이와 유사한 전략을 사용하고 있는 커피 전문점들을 생각해 보니 몇 가지 공통점을 발견할 수 있었다.

첫째, 이들의 관심은 인테리어나 브랜드 홍보 등 외적 요소보다 커피 자체에 집중하는 특징이 있었다. 당연히 대량생산을 목표로 하지 않으며 최고의 커피를 만들기 위해 모든 노력을 기울인다. 그들은 직접 세계 중요 원산지를 돌며 최고의 생두를 골라 가공하여 제품을 만든다. 즉 본질에 강하다.

둘째, 그곳엔 최고의 바리스타들이 있다. 핸섬커피(Handsome Cofffee)나인텔리젠시아(Intelligentsia), 존스커피(Johns Coffee)에는 각종 대회에서 우승한 바리스타들이 존재한다. 블루보틀의 전신인 핸섬커피가 유명해진 것도 사실은 마이클 필립스(Michael Phillips)라고 하는 전설 같은 인물이 있었기에 가능했다. 바리스타가 되기 위해 교육을 받고, 오랜 수련을 통과한 그들은 한눈에 보기에도 전문가답다. 능란한 기술뿐 아니라 커피에 대한 애정과 직업에 대한 자긍심을 가진 이들의 모습이 커피를 더욱 품위 있게 만든다.

셋째, 놀랍게도 이들 매장은 소비자 중심적(customer-centered) 환경이 아니다. 대부분 크고 유명한 카페들은 목 좋은 골목에 편리한 시설과 아름다운 인테리어를 통해 손님을 끌어들인다. 화려한 조명과 푹신한 의자, 편리한 시설들을 갖추기 위해 많은 돈을 사용한다. 그러나 이들 매장은 찾아가기가 불편하다. 공간 역시 창고 건물을 개조해서 운영하기도 하고 로스팅 공장 일부를 카페로 활용하기도 한다. 생산지로부터 수입된 원두를 로스팅하는 과정을 보여 주는 것 또한 흔한 일이다. 장소가 협소하고 앉아서 대화를 나누기도 불편하다. 다운타운의 블루보틀 커피숍의 경우, 중앙의 가장 넓은 면적은 바리스타들의 공간이다. 몇 명 앉을 수 없는 테이블과 창가에 비치된 의자에 앉지 못한 사람들은 건물 바깥 의자에 앉아 커피를 마셔야 한다. 개장 시간도 짧아 오후 6시면 문을 닫는다.

넷째, 그럼에도 불구하고 그곳에 가면 자유와 창조적 영감이 느껴진다. 커피숍 내부나 주차장에서 문화 공연을 열기도 하고, 다른 모바일 음식 업

체와 협조하여 파티를 열기도 한다. 이러한 회사들은 커피라는 매개체를 통해 가치와 문화를 공유한다.

커피가 문화가 되고 열정이 되고 자유가 된다고 평가한다면 이는 필자의 과도한 찬사일까. 곳곳에 커피를 향한 진정성이 느껴진다. 일반 체인점에서는 발견할 수 없는 깊음과 가치가 그곳엔 있다. 새롭게 부상하는 커피숍을 관찰하면서, 오늘날 교회가 잃어버린 것이 많다는 생각을 하게 된다. 무엇보다도 복음 자체에 목숨을 걸고 집중하는 교회, 탁월하고 신뢰할 만한 영적 지도자가 존재하고 본질에 충실하며 삶의 깊은 부분을 터치하는 교회가 그립다.

잘못된 신화를 버리라

오늘날 우리가 교회의 위기를 논하는 근간에는 교회 됨의 본질과 가치의 문제가 자리잡고 있다. 단순하게 외적으로 나타나는 현상, 즉 문화 변화에 따라 교인이 줄고 전도가 안 되며 젊은이들이 교회를 떠나고 이슬람이나 민속 종교 등이 부상한다는 내용은 문제의 핵심이 아니다. 앞서 살펴본 것처럼 이러한 도전들은 교회 역사에 있어 새로운 현상이 아니다. 외적 변화와 도전은 교회 공동체와 언제나 공존해 왔다. 이러한 도전이 있었기에 교회는 시대에 맞는 선교적 대응을 해올 수 있었다. 그러나 오늘날 기독교의 위기는 교회 됨의 본질과 가치가 뿌리째 흔들리고 있다는 점에서 심각하다. 이론이 약해서가 아니다. 문제는 오랜 관행과 제도에 갇혀 시대에 맞는 새로운 교회론을 정립하지 못하고 점점 더 본질로부터 멀어지고 있는 교회의 모습이다.

1990년, 필자가 신학교에 입학했을 때 그곳에는 목사가 되기 위해 헌신한 100명의 풋풋한 신학과 학생들이 있었다. 가장 먼저 열린 신입생 수련회의 열기는 마치 용광로와 같았다. 그들의 눈은 번쩍였고 금방이라도 세상을 바꿀 것 같은 패기와 열정이 가득 차 있었다. 나중에 알게 된 사실이지만, 그곳에 있던 20살의 어린 청년들은 대부분 위대한 부흥사나 수천 명이 모이는 대형교회 목회자를 꿈꾸고 있었다.

몇 년 전 한국의 한 신학교에서 특강을 할 기회가 있었다. 대상은 신학대학원(Mdiv) 1년 차 학생들이었는데, 그들 역시 미래의 부푼 꿈과 비전을 품고 있었다. 강의 중 한국 교회의 미래에 대한 생각을 물었다. 한 신학생이 큰 소리로 대답했다. "잘될 것입니다. 걱정할 것 없습니다." 필자는 왜 그렇게 생각하는지를 물었다. 그 학생은 당황스러운 눈빛으로 필자를 응시했다. 그 눈빛에는 교회는 주님께서 세우신 기관이므로 그분께서 책임지실 것이라고, 교수님은 왜 그렇게 믿음이 없느냐고 묻고 있는 듯했다. 그렇다. 교회는 주님의 몸이다. 교회는 주님께서 세우신 기관이다. 그러나 만일 교회가 본질을 잃어버리고 비본질적이며 다른 가치를 향해 나아간다면 상황은 다르다. 주님은 그 촛대를 다른 곳으로 옮기실 수도 있다.

> 그러므로 어디서 떨어졌는지를 생각하고 회개하여 처음 행위를 가지라 만
> 일 그리하지 아니하고 회개하지 아니하면 내가 네게 가서 네 촛대를 그 자
> 리에서 옮기리라(계 2:5)

프랭크 바이올라(Frank Viola)는 현대 기독교는 교회가 과거 바리새인과 사
두개인이 행했던 잘못을 재현하고 있다고 비판했다. 바리새인이 행한 것
과 같이 교회는 율법과 전통이라는 틀로 예수 그리스도의 머리 되심을 억
압하고, 사두개인처럼 신약의 가치와 행위를 그리스도인의 삶 속에서 사
라지게 하는 과오를 저지르고 있다는 것이다.[30] 교회 갱신가 하워드 스나
이더(Howard Snyder) 역시 같은 주장을 한다. 그는 예수 그리스도의 복음과
이차적이고 보조적인 인간이 만든 복음을 담는 부대 사이의 관계를 묘사
하면서, 시대에 맞는 새 부대의 필요성을 요구했다. 스나이더의 이야기를
들어보자.

> 시대마다 복음이 항상 새롭다는 것을 쉽사리 잊어버리는 유혹이 있기 마련
> 이다. 우리는 복음의 새 포도주를 낡은 가죽 부대에 담으려고 노력하고 있
> 는 것이다. 낡은 전통, 해묵은 철학, 삐걱거리는 제도, 구태의연한 관습의

낡은 부대 속으로…. 그러나 시간이 지날수록 낡은 부대는 복음을 구속하기 시작한다. 낡은 부대는 터져야 하고 복음은 다시 방출되어야 한다.[31]

복음은 늘 새롭다. 참된 복음은 시대와 문화에 구속되지 않고 시대적 물음에 응답하며 대응할 뿐 아니라 그에 대한 궁극적 대답을 제시한다. 그러나 복음의 역동성을 상실하게 되면 복음을 위해 고안된 것들이 오히려 장애가 된다. 그러므로 참된 갱신을 위해서는 내부적으로 고착된 잘못된 신화를 파악하는 것이 우선되어야 한다. 그렇다면 새로운 포도주를 담기 위해 변화되어야 할 오늘날의 신화는 무엇일까? 바이올라와 스나이더의 관점을 기초로 살펴보자.

건물에 갇힌 교회

바이올라는 초대교회의 모델을 연구하면서 기독교는 역사상 최초의 성전 없는 종교였음을 밝힌다. 초대 교인들에게 있어 교회란 건물이 아니라 하나님 백성의 공동체였기 때문이다. 그들은 가정에서 모였고 공동체를 형성했으며, 삶의 현장에서 복음을 증거하는 선교적 삶을 살았다. 교회는 하나님을 믿고 예배하는 백성들의 회집, 집합체를 일컬었다. 그들이 곧 하나님의 성전이며 집이었다.

사실 이러한 개념은 오늘날에도 이견이 없다. 그러나 신학적으로는 인정하면서도 실제적으로는 교회를 건물로 대치하여 생각하는 것이 실상이다. 교회 건물을 구약의 '성전'과 연관 지어 정당화하게 되면 결과적으로 교회의 본질적 개념은 훼손될 수밖에 없다. 필자는 여기서 교회 건물의 폐기론을 주장하는 것이 아니다. 교회가 건물로 이해되면서 발생하는 왜곡을 지적하고자 하는 것이다. 안타깝게도 한국적 상황에서 교회 건물은 교회를 대표하는 상징이자 그 자체로 인식되고 있다.

그러한 개념은 교회를 개척하려 할 때부터 드러난다. 교회 개척의 가장 중요한 요소는 무엇인가? 아이러니하게도 많은 이들에게 그것은 사람이 아닌 건물과 공간으로 인식된다. 성도가 없어도 십자가를 걸고 교회라 말할 수 있는 공간이 있어야 한다. 교회 건물이 성전이라는 인식이 만연해 있다. 당연히 성도가 늘게 되면 더 크고 아름답고 화려한 건물을 짓는다. 하나님의 집, 성전을 짓는다는 명목하에 빚을 내는 것도 마다치 않는다. 안타깝게도 건물에 몰입된 결과는 매우 참혹하다. 교회가 건물에 갇히게 되기 때문이다. 빚으로 세워진 수많은 십자가 건물은 세상과 담을 쌓고 자기만의 아성을 구축하기 위해 스스로를 고립시킨다.

그렇다면 구약에 제시된 장막과 성막의 의미는 무엇인가? 이들의 공통점은 이스라엘 백성 중에 계시는 하나님 임재의 상징이라는 점이다. 반면에 이 둘 사이에는 몇 가지 차이점이 존재한다. 우선 장막은 유동적이다.

Re_think Church

반면에 성전은 정적이며 영구적 성향을 지닌다. 더 근본적인 차이점은 이 것이다. 장막은 하나님의 직접적 계시에 의해 만들어졌다. 그러나 성전은 엄밀한 의미에서 인간의 아이디어에서 시작되었다. 비판적 관점에서 볼 때 장막은 하나님의 설계와 계획 아래에서 확립되었다. 그러나 성전은 다 윗의 충성심으로 시작되었다. 스나이더는 성전은 하나님이 관여한 설계와 건축이 아니었다고 말한다. 물론 하나님은 다윗과 솔로몬의 의도와 헌신 을 기뻐하셨다. 그렇기 때문에 그분은 성전에 거하시며 이스라엘의 하나 님이 되신다는 약속과 축복을 허락하셨다. 그러나 그 결과는 어떠했는가? 죄로 얼룩진 백성은 성전에서 하나님을 높이기는커녕 습관적인 제의를 반 복했고 이로 인해 성전 예배는 껍데기만 남은 제도로 변질되었다.[32]

예수 그리스도의 구속적 사건은 성전의 휘장을 갈라 버렸다. 이를 통해 하나님은 더 이상 장막과 성막에 제한되지 않으셨다. 교회의 탄생과 함께 하나님의 임재는 백성 공동체 가운데 거하시게 되었다.

교회 건물을 '주님의 집'이라고 하는 것은 부당하다. 왜냐하면, 새로운 계약 에서는 교회란 곧 사람들이기 때문이다(엡 2:1; 딤전 3:15; 히 10:21). 어떠 한 경우에서도 교회 건물이 '거룩한 곳'이 될 수는 없는데, 그 이유는 거룩한 장소란 더 이상 존재하지 않기 때문이다. 기독교는 거룩한 장소를 갖고 있 지 않고, 오직 거룩한 사람들만을 소유하고 있다.[33]

초기 기독교인들에게 있어 이 의식은 흔들릴 수 없는 확신이었다. 교회는 가시적 건물이 아니라 그들 자신이었다. 그들이 하나님의 성전이요 집이라는 사실을 그리스도인들은 분명히 믿고 확신했다. 신약성경에 114번이나 기록된 에클레시아(ekklesia)라는 용어가 지칭하고 있는 것을 확인해 보자. 그것은 언제나 장소가 아닌 사람들의 모임을 가리키고 있다. 모임을 위해 사용되었던 가정집 역시 마찬가지였다. 처음 3세기가 되기까지는 가정집을 좀 더 교회답게(?) 만들기 위한 어떤 노력도 없었다.[34] 사람이 많아지면서 침실 사이의 벽을 터 모였다는 기록이 처음 등장한 것은 3세기 이후였다. 그러나 그렇게 개량된 집이라 할지라도 이것을 성전이라 칭하지는 않았다. 적어도 15세기까지 건물을 향해 성전으로 부르는 일은 발생하지 않았다.[35]

최초의 교회 건물은 콘스탄틴이 로마의 황제가 되고 난 이후에 세워졌다. 그는 기독교를 합법적인 종교로 인준하면서 당시 이교의 성지 모델인 거룩한 장소 개념을 기독교 신앙에 접목했다. 공적 자금을 들여 로마 전역에 교회 건물을 세우고 그 건물엔 기독교 성인의 이름을 붙였다. 많은 건물이 순교자의 무덤 위에 세워진 것 또한 같은 맥락에서 이해될 수 있다.[36]

교회 건물이 기독교 공동체의 삶의 양식을 송두리째 바꿔 놓았음은 당연하다. 적어도 초대교회의 성도들에게 있어 교회란 그들 자신이었기에 하나님을 향한 예배와 선교는 일상생활 그 자체였다. 그러나 독립된 건물이 세워지면서 그러한 일치는 분리되고 말았다. 이제 하나님을 예배하기 위해서 그들은 특별히 구별된 장소로 나아가야 했고, 거기에 다양한 제도와 의식이 가미되었다. 스나이더는 건물이 교회의 의미를 대체하면서 발생하게 된 부정적 요소를 다음과 같이 정리했다.

첫째, 교회 건물은 순례자로서 가지는 유동성을 상실하게 하였다. 대신 교회 공동체의 부동성을 강화하게 만들었다. 그는 이러한 현상을 다음과 같이 비판했다. "복음은 가라고 말하지만, 우리의 교회 건물들은 '머무르라.'고 말한다. 복음은 '잃어버린 자들을 찾아라.'고 말하지만 우리의 교회 건물들은 '잃어버린 자들이 교회를 찾아오게끔 내버려 두라.'고 말한다."

둘째, 교회 건물은 신앙 공동체의 융통성을 가로막았다. 능동적인 성도의 참여는 사라지고 프로그램화된 예배와 사역은 성도를 수동적 참여자로 만들었다.

셋째, 교회 건물은 성도의 교제를 약화시켰다. 교회 건물은 성도들의 교제를 위해 최적화된 공간이 아니다. 공동체로서의 유기체적 교제를 불러일으키기에 교회 건물은 경직된 약점을 가지고 있다.

넷째, 교회 건물은 인간의 자만심을 드러내는 증거가 되었다. 감추어진 인간의 야망과 욕망을 합법화하는 도구로서 건물이 사용된 사례는 셀 수 없이 많다. 하나님의 영광을 위해서라고 말하면서 정작 인간의 왕국을 세우는 경우가 얼마나 많은지 역사가 이를 증명한다.

마지막으로 교회 건물은 계급의식을 조장시켰다. 초대교회는 당시 사회적 질서와 문화에 역행하는 혁명적 모임을 구성했다. 빈부의 격차, 인종, 민족, 지위 고하를 막론하고 함께하는 공동체를 형성했다. 그러나 오늘날 어떤 교회 건물은 지역과 계급의식, 배타성을 드러내는 간판의 역할을 하기도 한다.[37]

그러므로 무엇인가? 이제 모든 건물을 허물고 다시 가정교회로 돌아갈 것인가? 혹자는 그렇게 주장하기도 한다. 그러나 그러한 과격한 시도가 현실화될 리는 만무하다. 더욱 바람직한 접근은 건물의 용도와 의미를 재고하고 백성 중심의 교회 됨을 회복하는 것이다. 최소한 교회 건물을 성전으로 오해하면서 신앙 공동체의 교회 됨을 희석시키지는 않아야 한다. 건물은 기능적으로 활용되어야 한다. 성도들이 선교적 삶을 살아갈 수 있도록 함께 모여 예배하고 훈련받고 나아갈 수 있는 전초기지가 되어야 한다.

북미 지역에서는 이미 이러한 변화가 일어나고 있다. 죽어가는 교회를 떠나 방황하던 젊은이들이 새롭게 모여드는 교회들이 그 예다. 기존의 화려하고 웅장한 교회 건물을 외면하던 젊은이들이 선택한 곳은 창고 건물이나 극장, 학교 강당 등이다. 당연히 시설이나 목이 좋지 않다. 그럼에도 불구하고 수많은 젊은이가 모이는 이유는 단 하나다. 그곳에 교회다움이 있기 때문이다. 마치 커피 하나에 열정을 걸고 커피 자체에 승부를 거는 전문점처럼, 이들 교회는 오래된 제도와 형식 대신 복음의 열정과 사랑에 초점을 맞춘다. 공동체에 집중하고 모이기만 하는 교회가 아닌 흩어지는 교회로서의 선교적 삶을 강조한다. 그들이 가고 거하고 모이는 곳이 교회가 된다. 따라서 주일 모임은 주중의 삶을 위한 집합적 예배이며 집회가 된다. 당연히 눈물과 감동이 있고, 비장함이 있다.

그러므로 기억하라. 참된 교회는 건물에 집중하지 않는다. 참된 교회는 하나님 백성과 연결되어야 한다. 그들만이 하나님 나라와 통치를 가시화하고 증거하는 유일한 존재임을 잊어서는 안 된다.[38] 건물은 회중이 모여 하나님을 예배하고 그분을 경험하고 세상으로 다시 나아가기 위한 기능을 하는 곳이다. 당연히 건물은 지역 공동체를 위해 다양한 차원의 교육과 선교, 섬김과 봉사를 위해 사용될 수 있어야 한다. 그런 관점에서 스나이더의 말은 큰 공명을 일으킨다. "그러나 중세기의 암흑시대로 돌아가기를 원한다면 그거야 매우 쉬운 일이다."[39] 건물 자체가 목적이 된다면 이는 언제나 현실화될 수 있기 때문이다.

교회의 본질이 점점 흐려지고 있다

이 시대 기독교의 위기는 겉으로 드러나는 급격한 쇠락의 흐름보다 교회 됨의 본질과 가치가 뿌리째 흔들리고 있다는 것이다. 오랜 관행과 제도에 갇혀 시대에 맞는 새로운 교회론을 정립하지 못하고 있는 사이, 교회는 세상 문화의 영향으로 걷잡을 수 없이 세속화되어 가고 있다. 참된 복음은 시대와 문화에 구속되지 않고, 시대적 물음에 응답하며 대응할 뿐 아니라 그에 대한 궁극적 대답을 제시해야 한다. 이렇게 참된 갱신으로 가기 위해서는 먼저 교회 안에 내부적으로 고착된 잘못된 신화를 파악해야 한다.

교회와 건물, 그 끈질긴 연결고리

초대교회 성도들에게 있어 교회란 그들 자신이었기에, 하나님을 향한 예배와 선교가 일상생활 그 자체였다. 그러나 독립된 건물이 세워지면서 그러한 일치는 분리되었고, 구별된 장소로 나가게 되면서 다양한 제도와 의식이 가미되었다. 건물이 교회의 의미를 대체하자 교회 건물은 인간의 자만심을 드러내는 증거가 되고, 성도의 교제를 약화시키며 계급의식을 조장시켰다. 참된 교회는 건물에 집중하지 않음을 기억하라. 참된 교회는 하나님과 백성이 연결되어야 한다. 그들만이 하나님 나라와 통치를 가시화하고 증거하는 유일한 존재임을 잊어서는 안 된다.

6장

제도화의
그림자

초대교회 공동체는 성령의 이끄심에 민감한 예배를 드렸다. 성도들은 예배를 통해 하나님께 영광을 돌렸을 뿐 아니라 은혜 가운데서 서로를 향한 권면과 가르침, 시와 노래, 간증과 격려가 충만한 예배를 경험했다. 그러나 틀과 형식을 강조하는 예배 속에서 그러한 자유로움을 누리는 것은 어려운 일이다. 6장에서는 제도화가 가져온 유익에 비해 교회가 잃어버린 부분을 살펴보고 대안을 생각해 보자.

6장
제도화의 그림자

제도화된 교회의 운명

1981년 미국의 오렌지카운티 지역에 건립된 수정교회(Crystal Cathedral)는 그 이름만큼이나 아름답고 고귀한 자태로 많은 사람의 사랑을 받아왔다. 1만 장이 넘는 대형유리를 붙여 만든 거대한 건축물은 건물 전체가 수정빛을 발산하면서 보는 이로 하여금 경외감을 느끼게 만들었다. 아름다운 유리벽과 세계에서 가장 큰 파이프오르간, 전 세계로 전파를 탄 능력의 시간(Hour of Power) 등을 통해 수정교회는 세계적으로 유명하고 영향력 있는 복음주의 교회가 되었다. 물론 그러한 성공의 중심에는 로버트 슐러(Robert

H. Schuller)라는 걸출한 목회자가 있었기 때문에 가능했다. 그는 적극적 사고방식의 개척자였던 노만 빈센트 필(Norman Vincent Peale)의 영향 아래 "불가능은 없다." "꿈꾸면 못할 일이 없다." "꿈을 세우라. 그러면 꿈은 너를 세울 것이다." "꼭 할 수 있다." 등의 메시지를 통해 대중적 인기를 누렸다. 종교를 기업과 서비스 산업으로, 교회를 쇼핑센터로 비유하기도 했던[40] 슐러는 세상적 관점에서 볼 때 최초, 최고의 수식어가 어울릴 만한 사역을 지향하면서 대형교회를 이루었다.

그러나 한때 1만 명이 넘는 대형교회로서 전 세계의 찬사를 받던 수정교회의 성공 신화는 아름다운 유리 건물을 완공한 후 30년을 넘지 못했다. 슐러는 교회의 영광을 유지하고자 담임목사직을 아들과 딸에게 세습했지만, 교회의 쇠락을 막지는 못했다. 화려함의 대명사였던 교회의 운명은 아이러니하게도 부도라는 초유의 사태로 일단락되었다. 본 사건은 교계뿐 아니라 미국 사회 전체에도 큰 이슈였다. 미국의 유명한 방송사인 CBS에서는 이 사건을 다음과 같이 보도했다.

"수정교회는 지난 30년 이상 캘리포니아의 상징물이었습니다. 그러나 지금은 불화와 반목의 역사적 상징이 되었습니다."[41]

이후의 스토리는 한 시대를 풍미했던 교회가 어떻게 영향력을 상실해 가면서 역사의 뒤안길로 사라지는지를 보여 주는 실례가 되었다. 화려한 외형과 달리 내부는 분열과 반목, 각종 루머와 부실한 재정 관리 등으로 진흙탕처럼 변했다. 교인은 줄고, 가족 간의 갈등은 증폭되고, 교회는 각종 구설수와 논란의 대상이 되었다. 결국, 교회는 수천만 불의 빚을 이기지 못하고 2010년 공식적인 파산을 선언하고, 다음해 가톨릭교회에 매각되는 수치를 당했다.

제도화의 영향력

우리는 앞선 글에서 교회는 건물이 아니라 하나님 백성의 공동체임을 살펴보았다. 주님의 피 값으로 세워진 교회는 수 세기 동안 건물 없이도 지속적인 성장과 영향력을 세속 사회에 끼쳐 왔다. 그러나 기독교가 로마의 종교가 되고, 모든 국민이 의무적인 차원에서 교인이 되어야 했을 때 교회는 변질되기 시작했다. 복음의 야성은 사라지고 제도적 종교로서 체제를 갖추어 갔다. 교회의 관심은 더 이상 세상을 향한 도전과 모험에 있지 않았다. 갑자기 주어진 힘과 권력을 어떻게 보존할 것인지, 어떻게 안정된 기반 위에서 더 강한 지배력을 가질 수 있을지에 초점이 모아졌다.

국가의 지지와 보호가 강화될수록 교회의 제도는 더욱 체계화되었다. 이전의 수평적인 리더십은 어느새 피라미드 형식의 수직적 구조로 대체되었고, 거기에는 사역의 주체가 되는 사제그룹과 사역의 대상이 되는 평신도 그룹으로 나누어졌다.[42] 교회는 더 이상 초대교회와 같은 자유롭고, 참여적이며, 모든 지체가 기능을 발휘하는 공동체가 아니었다. 유기체적 특성이 약화되면서 사역은 점차적으로 경직되어 갔다. 예배 또한 마찬가지였다.

프랭크 바이올라는 개신교 예배의 흐름을 초대교회로부터 추적하면서 제도화된 교회에 대해 다음과 같은 비판을 제기했다. 첫째, 제도화된 개신교 예배는 성도 상호 간의 참여와 공동체적 성장을 억누른다. 서로를 향한 권면과 깨달음, 찬송, 자발적 기도 등이 이루어질 수 없다. 둘째, 예배가 소수에 의해 진행되는 한계로 인해 참여자들은 수동적인 존재가 된다. 하나님께서는 성령의 역사를 통해 성도 가운데 운행하시며, 그 속에서 찬양과 경배를 받기 원하신다. 그러나 몇 사람에 의해 이끌어지는 현재의 구조는 그 표현이 제한되는 속성이 있다. 셋째, 제도화된 예배는 예측성과 형식성, 기계적인 특성이 강하다. 그로 인해 예배는 예상 가능하며 단조롭고 지루해진다. 넷째, 매주 똑같은 형식과 순서, 의식으로 드려지는 예배는 진정한 영적 변화를 촉진시키지 못할 위험성이 크다. 이러한 예배는 성도들을 "(1) 수동적으로 만들고, (2) 기능의 발휘를 제한하며, (3) 일주일에 한 시간 투자하는 것이 승리하는 그리스도인의 삶을 위한 열쇠라고 암시"한다. [43]

초대교회 공동체는 성령의 이끄심에 민감한 예배를 드렸다. 성도들은 예배를 통해 하나님께 영광을 돌렸을 뿐 아니라 은혜 가운데서 서로를 향한 권면과 가르침, 시와 노래, 간증과 격려가 충만한 예배를 경험했다. 그러나 틀과 형식을 강조하는 예배 속에서 그러한 자유로움을 누리는 것은 어려운 일이다. 제도화가 가져온 유익에 비해 교회가 잃어버린 부분도 분명히 많았음을 역사는 가르쳐 준다.

제도화의 위기

여기서 우리는 제도와 제도화 현상의 문제를 구별해서 볼 필요가 있다. 교회가 성장하면서 구조와 시스템을 갖추고 조직적으로 질서를 만들어 가는 것은 필연적으로 요구되는 과정이다. 역사적으로도 교회의 제도화 과정은 기독교가 로마 황제의 공인을 받기 이전부터 발생했던 일이다.

마거릿 맥도널드(Margaret Y. MacDonald)는 바울의 서신서를 중심으로 2세기까지의 교회 공동체 변화 과정을 연구했는데, 그녀는 여기에서 다음과 같은 세 가지 제도화 과정이 있었음을 발견했다. 첫째는 공동체를 세우고 건설하려는 단계, 둘째는 공동체의 안정을 추구하는 단계, 셋째는 공동체를 보호하려는 단계였다.[44] 당시 초대교회는 내외적으로 큰 도전에 직면해 있었다. 외부적으로는 교회를 말살하려는 박해가, 내부적으로는 복음의 본질을 흐리는 이단의 공격 앞에서 자신을 지키기 위해 조직과 신학을 정비해야 했다. 제도화는 공동체의 현존과 미래를 생각한다면 반드시 필요한 과정이었다.

문제는 제도화 과정을 거치면서 발생하는 초점의 전위 과정이었다. 제도화의 시작은 본질을 지키기 위해서였다. 이를 위해 제도와 구조를 견고하게 만들었다. 그러나 시간이 지나자 제도가 목적이 되어 버렸다. 제도를 지키는 일이 우선시되자 새롭고 창조적인 운동력은 급격히 저하될 수밖에 없었다. 바로 이것이 제도화의 문제점이다. 피어슨(Paul E. Pierson)이 표현한 것처럼, "제도화 현상은 개척자의 초기 비전을 추구하기보다 기관이나 제도를 유지하는 것이 더욱 중요한 가치가 될 때 일어난다."[45] 초기의 비전이 약화되고 제도 자체를 유지하는 것이 더 큰 과제가 될 때, 역으로 운동은 위기에 처한다. 교회가 직면한 위험이 바로 그것이었다.

제도화의 결과

제도가 된 교회는 오랫동안 종교적 형식과 언어로 이해되어 왔다. 다른 주요 종교처럼 교회는 자신만의 독특한 형식과 제의, 신조와 신학을 형성했다. 그러나 교회를 이러한 외적 특성으로 구별하려는 시도는 매우 잘못된 것이다. 왜냐하면, 그리스도께서 교회를 베드로의 신앙 고백 위에 세우고자 하셨을 때에는 종교로서의 기독교를 만들고자 함이 아니었기 때문이다. 무슨 말인가? 예수께서 오신 이유는 단 하나, 하나님 나라의 복음을 증거하기 위해서였다. 아버지의 뜻이 하늘에서 이루어진 것 같이 땅에서도 이루어지게 하기 위해, 그는 기꺼이 이 땅에 오셨고 자기 목숨을 대속물로 헌납하셨다. 그의 피로 세워진 교회는 그리스도의 몸이고 성령의 공동체이며 하나님의 백성으로서 구별되어졌다. 교회는 견고한 종교로서 이 세상의 평화와 인류의 안위를 위해 세워진 것이 아니라 오히려 세상의 타락과 부정을 고발하고 사탄에 의해 고통받는 세상을 복음으로 해방시키기 위해 구별되어 세움 받았다. 그들은 이 땅에서 하나님의 의와 정의를 구하고 세상과 부합되지 않는 하나님 나라의 질서를 따라 사는 대조 공동체로서 살아가야 한다. 교회는 공동체적 삶을 통해 하나님의 통치를 가시적으로 증거하며 맛보아 알게 하는 전령자와 예표가 되어야 한다. 거기에 교회의 특성이 있고 존재적 가치가 있다. 스나이더(Howard Snyder)의 이야기를 들어보자.

교회의 유산과 권리와 특권은 하나님 나라를 위해 자유로워지는 것이다. 그러나 그렇지 못할 때가 많다. 교회가 종교적인 제도로서 그 자체를 위해 존재하거나, 정치, 경제적인 체제(자본주의든, 사회주의든, 전체주의든, 민주주의든)를 대변하거나 합리화하는 도구로 전락하게 되면, 더 이상 하나님 나라를 대변할 만큼 자유롭다고 할 수 없다.[46]

안타깝게도 교회는 참된 유산과 권리와 특권을 사용하지 못할 때가 많았다. 많은 경우 정치권력을 의지했고, 그로 인해 주어지는 힘에 기대어 자신의 유익을 도모하곤 했다. 이로 인해 교회는 운동으로서, 유기체로서, 참된 사명을 수행하는 전령자로서의 모습을 상실하고 말았다. 그리고 그러한 모습은 크리스텐돔 시대가 끝이 난 이후에도 이어졌다. 19세기와 20세기 신학의 분수령이 되었던 위대한 신학자, 칼 바르트(Karl Barth)는 이러한 교회를 강력히 비판한 학자였다. 그는 형식과 제도만 남은 당시의 가톨릭과 개신교 교회를 향해 다음과 같은 매서운 질타를 날렸다.

교회는 복음과 아무런 관련이 없다. 교회는 예수가 이 세상에서 원했고 이 세상에 가져왔던 것과는 완전한 반대이다. 교회는 종교적이고 기독교적인 형식만을 갖춘, 낡고 거친 세상적인 존재다.[47]

복음의 본질을 잃어버린 채 달콤한 권력과 특권을 맛보기 시작한 교회가 맞이할 운명은 비참하다. 바르트의 표현에 따르면, 그러한 교회는 사이비 종교로 전락하고 말 것이다. 세속적 가치에 물들어 성서의 진리가 사라진 교회는 시체가 매장된 무덤과 다를 것이 없다. 그들의 눈은 하나님 대신 세상을 향하고, 그들의 사업은 자기 자신의 유익과 안정, 생존과 번영을 위해 몰두해 있다. 겉으로는 하나님의 일과 나라를 이야기하지만 실상은 그의 뜻과 상관없이 나아간다. 우리가 거부해야 하는 것은 이처럼 복음이 누락된 채 껍데기만 남은 제도로서의 종교다. 예수로부터 부름 받은 공동체는 하나님의 뜻을 자신의 것으로 받아들이고 그 위업을 이루기 위해 선택된 백성들이다. 자신의 생존과 사업을 위해 존립하는 것이 아니라, 그분의 꿈과 계획을 이루기 위해 존재한다. 본질을 잃어버린 교회는 제도가 되고, 문화가 되고, 기업이 된다. 그것은 결국 타락한 변종이며 사이비적 종교로의 몰락을 뜻한다. 바르트는 이를 목도했고 이러한 교회가 되지 않도록 경종을 울렸다.[48]

> 그(바르트)는 하나님의 뜻과 일을 인간의 목적에 유익하게 변질시키고, 자신의 위치를 공고히 하고 안전한 길을 가려고 복음의 거리끼는 요소를 모두 제거하는 당대의 교회, '하나님을 하나님이 되시게' 하지 않고 인간의 복리에 맞게 그분의 일을 뜯어고치는 당대의 교회, 하나님의 일보다는 자신의 일에 몰두하는 당대의 교회에 맞서서 맹렬히 항거했다.[49]

초점은 이것이다. 제도 자체가 악한 것은 아니다. 교회 내에 존립하는 제도를 제거하자는 것도 아니다. 요지는 그리스도의 피로 구속되고 세상으로부터 구별되어 세워진 교회 공동체가 생명이 없는 조직 자체, 제도 자체가 되어 그 존재론적 사명을 상실해선 안 된다는 말이다. 교회의 역사가 반복적으로 가르쳐주는 교훈이 바로 이것이다. 박해받던 교회가 313년 콘스탄틴 황제에 의해 밀라노 칙령(Edict of Milan)이 발표되고, 이후 로마의 영토에 속한 모든 사람이 강제적으로 기독교인이 되어야 했을 때, 제도화는 급속도로 진행되었고 예수의 공동체는 이전과 다른 또 다른 위기에 직면하게 되었다. 즉, 기독교가 국가의 종교가 되었을 때, 복음을 자신의 생명보다 귀하게 여기던 신앙적 헌신은 급속도로 약화되었다. 이전에 갖지 못했던 힘이 주어졌을 때 교회는 그것을 누리고 남용하기 시작했다. "자신의 이기적인 욕망을 충족시키기 위해," 신앙이라는 명분을 통해 오히려 다른 사람을 억압하고 압제하는 과업을 저질렀다. 문제는 "역사상 이런 일들은 수없이 반복되었다."는 점이다.[50]

복음으로 해방된 교회

그러므로 교회의 회복과 갱신을 위해 우리가 주목해야 할 일은 무엇인가? 우리가 정말 바라는 것이 혹, 과거 교회가 누려왔던 세상의 영광을 회복하고자 함은 아닌가? 만약 잃어버렸던 힘과 권력, 특권과 영향력을 얻고자 한다면, 그래서 새로운 프로그램을 도입하고 문화적으로 세련되고 매력적인 사역을 실시하는 것이라면 이는 여전히 제도화의 덫에 빠져 허상을 쫓는 타락한 사이비 종교의 모습과 다를 것이 없다. 우리는 그리스도

Re_think Church

께서 세우시고 이끄셨던 참된 교회가 되기를 원해야 한다. 하나님께서 다스리시고 통치하시는 그 나라를 기대하며 이 땅에서 그러한 모형이 되기를 힘써야 한다. 힘의 회복이 아니라 복음의 회복, 성공이 아니라 고난의 회복을 갈망해야 한다. 크고 넓은 길을 닦는 것이 아니라 좁고 힘든 길을 보여 주고 그 길을 능히 갈 수 있는 헌신이 필요하다. 참된 갱신은 바로 거기에 있다. 제도에 갇힌 교회가 복음으로 해방될 수 있을 때, 그 길을 기꺼이 가고자 할 때, 하나님의 통치를 추구하며 그분의 영광을 위해 살아가게 될 때 교회의 갱신은 비로소 시작될 수 있다.

교회의 제도화는 무엇을 의미하는가

주님의 피 값으로 세워진 교회는 수 세기 동안 건물 없이도 세상을 향해 지속적인 성장과 영향을 끼쳐 왔다. 그러나 교회가 로마의 종교가 되고 모든 국민이 의무적으로 교인이 되어야 했을 때, 교회는 변질되기 시작했다. 복음의 야성은 사라지고 제도적 종교로서의 체제를 갖추어 가면서 교회의 관심은 더 이상 세상을 향한 도전과 모험에 있지 않았다. 갑자기 주어진 힘과 권력을 어떻게 보존할 것인지, 어떻게 안정된 기반 위에서 더 강한 지배력을 가질 수 있을지에 초점이 모아졌다.

제도에 갇힌 교회는 복음으로 해방되어야 한다

우리가 정말 바라는 것이 만약 잃어버렸던 권력과 특권, 영향력이라면, 그래서 새로운 프로그램을 도입하고 문화적으로 세련되고 매력적인 사역을 실시하는 것이라면 이는 여전히 제도화의 덫에 빠져 허상을 쫓는 사이비 종교의 모습과 다를 것이 없다. 우리는 그리스도께서 세우시고 이끄셨던 참된 교회가 되기를 원해야 한다. 하나님께서 다스리시고 통치하시는 그 나라를 기대하며 이 땅에서 그러한 모형이 되기를 힘써야 한다. 참된 갱신은 제도에 갇힌 교회가 복음으로 해방될 수 있을 때 비로소 시작된다.

7장

소통혁명과
다음 세대

intro

새로운 IT기술과 소셜미디어의 부상은 혁신적인 변화를 불
러일으켰다. 이는 사람들 간의 소통 방식에도 급진적인 변화
를 가져왔으며, 기성세대와 다음 세대 간의 갈등 원인이 되
기도 한다. 교회는 이러한 현상에 주목하고 다음 세대와 소
통하기 위한 창을 마련해야 한다. 7장에서 다음 세대와의 소
통에 대해 알아보자.

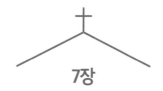

7장

소통혁명과 다음 세대

새로운 소통방식의 위력

2008년은 미국 역사의 한 획을 긋는 사건이 발생한 해다. 미국에 첫 흑인 대통령이 당선되었기 때문이다. 이는 전통적으로 백인 중심이었던 사회가 근본적으로 바뀜을 의미하는 사건이었고, 동시에 버락 오바마(Barack Obama)라고 하는 한 무명 정치인이 새로운 방식의 선거 전략과 방법을 통해 대통령에 당선된 기적의 사건이기도 했다. 사실 대통령 선거가 시작되기 전까지만 해도 오바마가 대통령이 될 것이라는 예상을 한 사람은 거의 없었다. 그는 2004년에 첫 상원의원으로 뽑힐 만큼 정치적으로는 무명에 가까운 인물이었다. 지지율로 볼 때 공화당의 존 매케인 후보를 압도하기는커녕 민주당 내 경쟁 상대였던 힐러리 클린턴에도 못 미치는 지지도를 보유하고 있었다. 여러 가지 관점에서 볼 때, 미국사회의 마이너리티(minority)라 할 수 있는 흑인 정치인이 대통령이 된다는 것은 상상하기 어려운 일이었다. 시사 주간지 〈타임〉(Time)은 버락 오바마를 2008년 '올해의 인물'로 선정하면서 44대 대통령 선거는 미국의 선거 역사상 가장 열광적인 선거 중 하나였다고 평가했다. 특히 오바마를 향해 경험의 부족과 우스꽝스러운 이름, 두 정당의 후보자, 그리고 인종적 분열을 극복한 입지전적인 인물로 묘사했다.[51]

그렇다면 무슨 이유로 무명의 오바마는 국민들의 지지를 얻을 수 있었을까? 오바마 진영의 가장 큰 장점은 바로 소셜미디어(social media)의 이해와 활용에 있었다. 그는 실제로 다른 유명 경쟁자에 비해 턱없이 부족한 경선 비용을 가지고 있었다. 적은 비용으로 최고의 효율을 높일 방안을 찾던 중 그들은 소셜미디어가 지닌 파워와 효과를 파악하고 그것을 적극적으로 활용했다. 다른 경쟁자들이 신문과 텔레비전과 같은 전통적 미디어를 장악하여 대중에게 어필하려고 했을 때, 오바마는 소셜미디어라는 방식을 통해 다가갔다. 소셜미디어의 '대화 커뮤니케이션'(conversation communication)은 그야말로 젊은 유권자들의 폭발적인 지지를 이끌어 냈다. 이를 통해 대중은 오바마의 추종자가 되고 지지자가 되었다. 젊은 유권자들이 기부한 5~10달러의 적은 돈들이 모여 수백만 달러가 되는 파급효과가 발생했다. 페이스북(facebook)에서 오바마의 팔로워는 3백10만 명이었던 반면 매케인은 고작 61만 4,000명에 그쳤다. 트위터 역시 오바마는 11만 3천 명의 팔로워를 확보했지만, 매케인은 4천6백 명에 머물고 말았다. 유튜브의 경우는 그 간극이 더욱 크고 분명했다. 오바마 유튜브 채널은 2천만 건 이상의 조회를 달성했지만, 매케인 채널은 겨우 2백만이 넘는 숫자에 불과했다.[52]

오바마의 승리는 미디어의 승리였고, 이는 곧 소통의 혁명을 의미했다. 즉 오바마는 새로운 미디어를 이용해 자신의 철학과 사상을 대중에게 전달하는 방식을 알았고, 효과적으로 활용할 수 있는 능력이 있었다. 대중의 방식으로 메시지를 전달하고 소통을 극대화하는 것이 얼마나 중요한지를 알게 하는 예라 할 수 있다.

롱테일 법칙과 웹 2.0, 그리고 소통혁명

새로운 IT기술과 소셜미디어의 부상은 정치적 영역을 넘어 사회 모든 영역에서 가장 혁신적인 변화를 이끄는 원인이 되고 있다. 경제 역시 마찬가지여서 많은 기업은 변화된 터전에 맞는 새로운 경영 개념과 전략을 개발하기 위해 전심을 다하고 있다. 그중에 흥미로운 것이 롱테일(Long tail) 전략이다.[53] 아마존(Amazon)이나 구글(Google) 같은 회사가 그 대표적인 예라고 볼 수 있다. 특히 온라인 서점으로 출발한 아마존의 경우 기존의 베스트셀러를 중심으로 수익을 올리던 전통적인 방식과는 달리, 많이 팔리지는 않지만, 독자들이 있는 숨겨진 책들을 혁신적인 방식으로 판매함으로 엄청난 이익을 창출했다. 구글 역시 롱테일 전략을 통해, 대기업이 아닌 작은 기업들을 타깃으로 삼았다. 그들은 전 세계에 퍼져 있는 작은 시장들을 공략하기 위해 소규모 기업들과 개인이 비즈니스를 할 수 있는 서비스를 제공했다. 이 전략은 주요했다. 신문이나 텔레비전 같은 고비용이 요구되는 광고에 뛰어들 수 없었던 소규모의 기업과 개인이 저렴하고 광고 효과가 큰 인터넷을 활용함으로써 새로운 시장이 형성된 것이다.[54]

이러한 변화는 또한 사용자의 경험이 중시되는 웹 2.0 서비스의 등장과 함께 더욱 강화되었다. 웹 1.0이 정보를 일방적으로 전달하는 단순한 웹사이트의 집합체라고 본다면, 웹 2.0은 이용자가 중심이 된 참여와 협업을 강조하고 이를 위한 개방성과 활용성이 극대화된 서비스를 일컫는다. 예를 들어 브리태니커 온라인 백과사전처럼 특정 전문가 집단에 의해 작성된 사전을 웹 1.0이라고 한다면, 다양한 사람들의 협업을 통해 만들어지는 위키피디아 백과사전은 웹 2.0으로 분류될 수 있다. 개인 홈페이지가 웹 1.0이라고 한다면 블로그(blog)는 웹 2.0이 되는 셈이다.[55]

웹 2.0의 정신은 사람들 간의 소통의 방식에도 급진적인 변화를 몰고 왔다. 거기에 막강한 기능이 더해진 스마트폰과 태블릿 PC, 최근의 웨어러블 디바이스(Wearable Device)에 이르기까지 상상할 수 없이 진화해 가는 IT기기들의 발전과 페이스북이나 트위터, 카톡과 카카오스토리, 다양한 소셜네트워크 서비스들의 등장은 전통적인 소통 방식의 본질적 재고를 촉구하는 기폭제가 되고 있다. 생각해 보라. 과거의 방식은 한정된 매체를 통해 정보가 일방적으로 전달되는 방식이 전부였다. 그러나 웹 2.0시대에는 개인이 정보를 형성하고 전달하는 주체가 될 수도 있고 쌍방향 참여를 통해 콘텐츠를 공유하고 확장해 나가는 것도 가능해졌다. 이렇듯 개방과 공유가 강조되고 소통과 연결이 자유로운 시대를 살아가는 교회는 과거에 집착해 공룡의 화석이 될 것인지, 아니면 새로운 변화에 적응해 더욱 효과적으로 선교 사역을 감당하는 주체가 될 수 있을지, 그 기로에 서 있는 듯하다.

다음 세대를 향한 우려와 가능성

컴퓨터와 각종 스마트 기기, 인터넷과 다양한 소셜네트워크의 발전은 사실상 전통적 세계관을 가지고 살아왔던 기성세대들에게는 편리와 더불어 동시에 새롭게 배우고 습득해야 하는 낯선 영역이기도 하다. 이들을 자연스럽게 사용하기 위해서는 남다른 의지와 노력이 수반되어야 하는 것도 사실이다. 그러나 젊은 세대들은 다르다. 소위 넷세대로 불리는 젊은 세대들은 기성세대와는 전혀 다른 방식으로 이러한 기기들을 사용한다. 그들에게는 이러한 영역들이 배움의 대상이라기보다는 삶의 터전이고 기반이며 자연스러운 생태계이다. 그들에게는 별도의 노력이 필요치 않다. 환경 자체가 디지털화된 상황 가운데 놓여 있기에 모든 것은 자연스럽게 습득된다. 그런 관점에서 돈 탭스콧(Don Tapscott)은 이러한 세대를 가리켜 '디지털 네이티브'(Digital Native)라고 불렀다. 이 세대들은 기존세대와 전혀 다른 가치관과 양식을 가지고 살아간다. 그렇기 때문에 '디지털 이민자'(digital immigrant)들은 '디지털 원주민'(digital native)들을 이해하지 못한다.[56] 나아가 기존세대들은 넷세대를 향해 회의적이며 부정적일 뿐 아니라 냉소적인 관점으로까지 보기도 한다. 기성세대가 넷세대를 향해 지닌 오해와 비평은 다음과 같은 것들이다.

- 넷세대는 우리가 그들의 나이였을 때보다 더 멍청하다.
- 넷세대는 컴퓨터와 인터넷에 중독됐다. 그로 인해 사교의 기술을 잃어버렸고, 운동이나 건강에 활용할 시간이 없다.
- 넷세대는 부끄러움이 없다.
- 넷세대는 세상에서 방향을 못 잡고 표류하고 있으며, 진로를 선택하는 걸 두려워한다.

- 넷세대는 절도범이다(지적 재산권에 대한 위배 등을 이야기한다).

- 넷세대는 온라인상에서 친구들을 괴롭힌다.

- 넷세대는 폭력적이다.

- 넷세대는 노동윤리를 갖고 있지 않으며 엉터리로 일한다.

- 넷세대는 나밖에 모르는 '미 세대'(me generation)이다.

- 넷세대는 조금도 베풀 줄 모른다.[57]

과연 이것이 사실일까? 탭스콧은 진실을 알기 위해 넷세대를 대상으로 한 "역사상 가장 포괄적인"(그의 표현을 따르면) 조사를 한다. 2년간 6천 명의 사람을 만나 인터뷰를 하였다. 그 결과는 어떤 것이었을까? 놀랍게도 발견된 사실은 위에 제기된 비판과는 정반대의 내용이었다. 그의 설명을 들어보자.

"지금까지 유례가 없었던 최초의 글로벌 세대인 넷세대는 그들의 부모에 비해 더 똑똑하고, 빠르고, 더 많은 다양성을 받아들인다. 그들은 사회가 직면한 정의와 문제에 관심이 많으며, 일반적으로 학교나 직장이나 커뮤니티에서 여러 종류의 시민 활동에 종사하고 있다." 그들은 정치에 참여하고 세상을 개선하기 위한 관심을 기울이며 '속도와 자유에 유연하게 반응'하고 '통제의 문화(culture of control)를 실행의 문화(culture of enablement)로 대체'하는 세대라고 묘사했다. 그러면서 그는 넷세대의 8가지 특성을 다

음과 같이 제시했다.[58]

첫째, 그들은 자유와 선택의 자유를 중시한다.

둘째, 물건을 자신의 개성에 맞게 고쳐서 쓰는 걸 원한다.

셋째, 천부적으로 협업에 뛰어나다.

넷째, 강의가 아니라 대화를 즐긴다.

다섯째, 여러 조직을 철저히 조사한다.

여섯째, 성실성을 중시한다.

일곱째, 학교와 직장에서도 즐겁게 생활하기를 바란다.

여덟째, 그들에게 속도(스피드)는 일상적인 것이다. 혁신도 생활의 일부이다.[59]

탭스콧은 새로운 세대를 향한 기성세대의 비판이 사실에 기반한 내용이 아닌, 자신이 알지 못하는 미지의 영역이 초래하는 위협에 대한 방어기제의 발동으로 생성된 노파심과 두려움 때문이라고 보았다. 만일 기성세대들이 새로운 세대에 대한 부정적인 선입견을 제거할 수 있다면, 넷세대가 지닌 가능성과 긍정적 미래를 발견하게 될 것이다. 많은 사람들의 우려와 달리 그는 훨씬 더 낙관적인 관점을 견지하고 있었다.

물론 오늘처럼 복잡하고 많은 문제가 발생하고 있는 시대에 무조건적인 낙관론을 펼치는 것은 불가능해 보인다. 젊은 세대가 지닌 가능성만큼

역기능적인 부분도 많이 발견되고 있기 때문이다. 그러나 기성세대들이 간과하지 말아야 할 한 가지 사실은 이 모든 문제들이 실제로는 기성세대의 탐욕으로부터 비롯되었다는 점이다. 황금만능주의에 사로잡혀 물질적 욕망을 채우기 위해 악한 문화를 양산하고 이것을 젊고 어린 세대들에게 소비하게끔 유도하는 것은 다름 아닌 기성세대들이다. 인간의 끝없는 탐욕이 미래의 가능성마저 짓밟아 버리는 죄성과 함께 결탁하게 되었을 때 나타나는 파괴력은 상상을 초월한다.

그럼에도 불구하고, 넷세대로 대표되는 젊은 세대들은 참여와 공유, 개방과 협업을 통해 집단 지성을 추구하고, 이를 통해 새로운 삶의 양상과 가능성을 만들어 가는 다음 세대의 주체임은 분명하다. 새로운 부족(tribe)이 이미 출몰했다. 그렇다면 교회의 미래는 어떠한가? 답은 단순하다. 교회의 미래 역시 부상하는 젊은 세대들에게 달려 있음이 자명하다. 그런 측면에서 한국 교회는 새로운 세대에 대한 선교적 부담을 가지고 다가가야 한다.

한국 교회, 소통을 이루라

풀러신학교(Fuller Theological Seminary)에서 열린 2014년 연례선교강연에서 있었던 일이다. 선교대학원 학장인 스콧 선키스트(Scott Sunquist)는 자신이

속한 미국장로교(PCUSA)의 평균연령이 현재 자신의 나이보다 높다는 사실을 언급했다. 교인들의 평균연령이 무려 63세라는 것이다. 이 말을 들은 회중은 충격을 금치 못했다.[60]

그러나 이러한 사실은 북미의 미 장로교회만의 문제는 아니다. 찬란했던 부흥의 시기가 끝난 한국 교회의 상황 또한 비관적이다. 모두가 인식하고 있듯이 교회의 젊은이들이 증발되고 있다. 선교적 열정으로 가득 차 있던 대학부가 사라지고 있으며, 중고등부와 유년 주일학교가 급격히 쇠락해 가고 있다.[61] 그런데 더 큰 문제는 그에 대한 뾰족한 대안이 없다는 점이다. 무엇을 어떻게 대응해야 할지 알지 못하는 미궁 속을 헤매는 듯하다. 그러나 솔직하게 말하면 이러한 표현조차 어색한 것이 사실이다. 왜냐하면, 이 시대의 문제는 교회가 젊은 세대에 대한 대안이 없는 것이 아니라 관심이 없다고 표현하는 것이 더 맞다. 교회가 젊은 세대를 위해 하고 있는 일이 무엇인가? 어떤 선교적 역량을 기울이고 있는가? 더 솔직해질 필요가 있지 않을까?

필자가 『리폼처치』(Re_Form Church)를 쓰기 위해 혁신적 사역의 대명사로 여겨지는 모자이크교회의 어윈 맥매너스(Erwin McManus)를 만났을 때다. 당시로는 선구자적이었던 멀티사이트 교회를 포기하고 복음의 불모지로 여겨진 할리우드(Hollywood)로 교회를 옮기면서, 교회는 믿을 수 없는 사역을 전개해 나갔다. 첫 2년 동안 2천 명 이상의 출석교인이 증가했다. 그러나 이보다 더 놀라운 점은 그 기간 동안 세례를 받은 사람이 1천 명이 넘는다는 사실이었다. 그리고 그 행진은 지금도 계속 진행 중에 있다. 현재 모자이크는 평균연령은 25~6세에 불과하며, 5~60개 다양한 민족적 배경을 가진 사람들로 구성되어 있다. 그 가운데 자신을 무신론자로 여기는 사람이 부지기수고, 타종교를 믿는 젊은이들도 많다. 역동적이고 뜨거운 예배엔 젊은이들이 가득하고, 격주로 열리는 세례식에서 세례를 받는 숫자가 매번 수십 명에 이른다.

맥매너스 목사는 이렇게 이야기했다. "젊은이들이 영적인 것에 관심이 없는 것이 아니라 교회가 젊은이들에 대한 관심이 없다. 하나님께서 창조하신 사람은 그 속에 영적인 갈망이 있다. 그러나 교회가 그 갈망을 채워주지 못한다. 그렇기 때문에 젊은이들이 교회를 떠난다."

실제로 예배에 참석한 20대의 할리우드 젊은이들은 영적인 갈망에 굶주려 있었고 그것을 채움 받기 위해 열정적으로 예배에 몰입했다.

한국 교회는 젊은 세대를 향해 어떠한 태도를 가지고 있는가? 과연 우리는 다음 세대를 진정으로 염려하고 그들을 향해 충분한 선교적 노력을 기울이고 있는가? 아니면 세상을 좋아하고 신앙을 버린 탕자와 같은 존재로 여기며 손을 놓고 있는가? 아무리 생각해도 교회의 대응이 충분하지 않다는 판단은 필자만의 편견일까? 다음 세대는 다르다. 그들은 기성세대의 문화와 가치관, 전통적 생활양식에 특별한 관심이 없어 보인다. 그러나 그렇다고 해서 그들이 다른 세상을 꿈꾸는 것은 아니다. 그들은 힘겨운 경쟁 체제에서 살아남기 위해 오늘도 열심히 공부하고 노력하며, 동시에 이 세상을 더 아름답게 만들기 위해 고민하고 몸부림치는 존재들이다.

교회는 이 세대를 포기해서는 안 된다. 그런 측면에서 더욱 적극적인 선교적 노력이 필요하다. 그들을 향한 투자와 문화적 접근이 필요하고, 새롭고 창조적인 사역이 일어나야 한다. 기성세대의 관점에서가 아니라 그들의 관점과 눈높이에 맞는 접근이 필요하다. 포기가 아니라 관찰과 관심이 필요하다. 관계를 형성하고 사랑을 부여하며 참된 이해와 지지를 보내줄 수 있어야 한다. 그런 측면에서 교회는 참여와 공유가 가능하고 개방과 협력이 이루어질 수 있는 구조로 변모되어야 한다. 과거의 체제와 구조로는 그들을 담아내는 것이 불가능하다. 그리고 무엇보다 소통의 중요성을 깨달아야 한다. 교회가 주체가 되어 필요해 보이는 것을 제공하는 접근이 아니라, 그들이 필요로 하고 그들이 원하는 방식으로 접근해야 한다. 그것은 소통을 통해서만 가능하다. 그러한 방식이 바로 예수 그리스도께서 보여 주신 사역 모델이었음을 기억하라. 인간의 몸을 입고 이 땅에 오신 예수의 성육신만큼 교회가 다음 세대를 이해하고 받아들이기 위해 노력하고 있는지 고민해 보아야 한다. 그들을 받아들이고 그들이 숨 쉬고 그들이 가진 창의성을 발휘할 수 있는 문화를 형성할 수 있다면, 그리고 그들이 진정으로 포용되고 사랑받는 교회가 될 수 있다면, 교회는 오늘날같이 젊은

이들로부터 외면받는 집단이 되지 않을 것이다.

선교에도 롱테일 법칙과 웹 2.0 방식이 적용될 수 있다. 20%가 아닌 영적으로 소외된 80%를 볼 수 있는 안목, 일방적 선포가 아닌 상호 간의 소통이 가능한 커뮤니케이션과 복음 전도, 그리고 그들이 지닌 긍정적 가능성을 인정해 주고 그것이 극대화될 수 있는 문화, 그리고 그들 속 깊은 곳에 자리잡고 있는 영적 공허와 갈망을 채워줄 수 있는 사역이 이루어질 수 있다면 한국 교회의 미래는 달라질 것이다.

변화하는 세대, 전략이 필요하다

컴퓨터와 각종 스마트 기기, 인터넷과 다양한 소셜네트워크의 발전은 소위 넷
세대라는 기존 세대와 전혀 다른 가치관과 양식을 가진 그룹을 부상시켰다.
기존 세대들은 넷세대를 향해 회의적이며 부정적일 뿐 아니라 냉소적인 관점
으로까지 보기도 한다. 그러나 그들은 부모 세대에 비해 더 똑똑하고, 빠르고,
더 많은 다양성을 받아들인다. 그들은 사회가 직면한 정의와 문제에 관심이
많으며, 속도와 자유에 유연하게 반응한다. 교회의 미래는 이러한 젊은 세대
에게 달려 있다. 그러므로 한국 교회는 새로운 세대에 대한 선교적 부담을 가
지고 다가가야 한다.

다음 세대를 이해하고 받아들이기 위해 노력하라

교회는 다음 세대를 향한 투자와 문화적 접근을 고민하며, 새롭고 창조적인 사
역을 시작해야 한다. 기성세대의 관점에서가 아니라 그들의 관점과 눈높이에
맞는 접근이 필요하다. 관계를 형성하고 사랑을 부여하며 참된 이해와 지지를
보내 줄 수 있어야 한다. 그런 측면에서 교회는 그들이 필요로 하고 원하는 방
식으로 접근해야 한다. 그러므로 무엇보다 소통의 중요성을 깨닫고 활용할 수
있어야 한다. 교회가 다음 세대를 이해하고 받아들이기 위해 노력하며, 그들을
포용하고 사랑하는 교회가 될 수 있다면 오늘날같이 젊은이들로부터 외면받
는 집단은 되지 않을 것이다.

Part 2

SOLUTION

8장

갱신의 기초
Identity

intro

우리에게 주어진 기술과 상황, 환경은 늘 변화한다. 현재에
서 바라보는 과거는 언제나 불완전한 대상이며, 다가올 미래
는 불안해 보이기 마련이다. 중요한 것은 우리는 누구이며
무엇을 위해 부름 받았는가 하는 자기 정체성이다. 8장에서
는 이러한 핵심 명제를 토대로, 변혁의 기초를 어떻게 성립
해야 하는지 살핀다.

8장

갱신의 기초
Identity

벽돌 하나하나가 전체를 허물다

만약 수백 년 된 교회 건물이 감쪽같이 사라지는 일이 발생한다면? 세계적인 마술사 데이비드 카퍼필드가 나와 자유의 여신상을 사라지게 하는 마술 같은 이야기를 하는 것이 아니다. 한때 역사와 전통을 자랑하며 2백년 이상 현존했던 러시아 정교회 건물이 몇 달 사이에 사라진 실제 사건을 일컫는 것이다. 영화에서나 보일 듯한 이 사건은 모스크바 북서쪽에 위치한 한 마을에서 발생했다. 줄어드는 성도와 재정적 문제로 인해 '부활의 교회'는 한동안 문을 닫아야 했지만, 정교회 본부는 곧 새로운 예배를 통해 교회 사역을 재개하려고 했던 찰나였다. 그러나 교회는 그 이름처럼 부활에 성공하지 못한 채 교회가 있었던 자리엔 앙상한 흔적만 남게 되었다. 도둑들이 오랫동안 방치됐던 교회 건물에 세워진 성상이나 물건을 훔치는 일은 다반사였다. 그러나 교회 건물이 통째로 사라지는 것은 상상할 수 없는 일이었다. 과연 어떻게 이러한 일이 가능했던 것일까? 그 대답은 이것이다.

벽돌 하나하나!(brick by brick)

사건의 전말은 이랬다. 인근 마을에 사는 사람들이 방치된 교회 건물의 벽돌을 하나씩 떼어다가 지역 사업가에게 몰래 팔았던 것이다. 벽돌 하나의 가치는 1루블, 원화로 환산하면 40원 정도밖에 되지 않은 적은 금액이었지만 마을 주민들을 그 돈을 위해 교회 건물을 해체하기 시작했고, 결국 전체 건물이 사라지는 결과가 되고 말았다.[62]

여기서 배워야 할 교훈이 하나 있다. 그것은 교회에 대한 진정한 위협이 무엇인가 하는 점이다. 모두가 고백하는 것처럼, 교회의 주인은 예수 그리스도시다. 주님께서는 베드로의 신앙 고백 위에 자신의 교회를 세우시겠다고 선포하셨다.

또 내가 네게 이르노니 너는 베드로라 내가 이 반석 위에 내 교회를 세우리니 음부의 권세가 이기지 못하리라(마 16:18)

찰스 스윈돌(Charles R. Swindoll)은 본 구절을 해석하면서 이것은 복된 소식이면서 동시에 나쁜 소식이라고 말했다. 주님께서 말씀하신 것처럼, 그가 세운 교회는 어떤 적대자들의 권세에도 굴하지 않고 성장할 것이라는 선포는 복된 소식이다. 반면에 나쁜 소식은 주님의 교회를 허물어뜨리기 위한 사탄의 노력 또한 자신의 모든 역량을 동원해 끊임없이 시도될 것이라는 점이다. 만약 이 일을 한순간에 이룰 수 없다면, 사탄은 벽돌 하나하나를 은밀히 훔쳐가면서 교회를 무너뜨리려 할 것이다. 교회는 이런 측면에서 그 태동부터 도전과 위기에 직면해 있었다.[63]

사탄, 효과적인 전략을 사용하다

오늘의 교회 역시 마찬가지다. 교회가 처음 세워질 때와 마찬가지로 이 시대의 교회는 다른 모양과 형태로 위장된 사탄의 공격 앞에 놓여 있다. 그런 측면에서 볼 때 문제의 핵심은 교회가 직면한 도전과 위기 자체가 아니다. 오히려 그 상황을 바라보고 대응하는 교회 공동체의 자세라고 할 수 있다. 사실 앞서 진술한 이 시대의 특징들, 예를 들어 포스트모던 문화의 부상, 기술의 급속한 발전, 새로운 소통 방식, 급격한 도시화와 세계화, 상대주의와 다원주의, 소비주의의 팽창 등의 변화는 그 자체가 선과 악의 대상이 될 수 없다. 설사 이러한 환경들이 교회 사역에 직접적인 위협 요소로 인식된다 할지라도 역사적 관점에서 보면 변화란 늘 현존해 있었던 일반적인 것이었음을 알 수 있다. 초대교회 시절의 기독교 신앙 공동체를 생각해 보라. 그들의 상황은 현재와는 비교할 수 없을 만큼 적대적인 환경 아래 있으면서 자신의 정체성을 지키고 복음전파의 사명을 감당해야 했다.

그런 측면에서 본다면 진짜 위협은 외적 변화가 아니라 그 위협의 본질을 간파하지 못하고 현실에 안주하려는 안일한 태도라 할 수 있다. 무슨 말인가? 사탄은 과거 반기독교적인 절대 권력을 동원해 주님의 교회를 하루아침에 진멸시키려고 했던 시도 대신, 문화라는 이름과 기술이라는 도구로 기독교인의 가치관을 잠식해 가는 전략을 선택했다. 마치 벽돌을 하나씩 빼 가면서 건물 전체를 해체시킨 것처럼 사탄은 기독교의 정체성과 가치관에 파고들어 마침내 기독교의 본질을 훼손시키는 일을 성공적으로 수행해 가는 중이다.

한국 교회가 걸린 덫이 바로 이것이다. 외적인 성공과 발전에 취해 본질을 잃어가고 있는 교회! 교회를 바라보는 차가운 시선들, 전국 방방곡곡에 세워진 화려한 예배당과 밤을 수놓는 수많은 십자가는 사람들의 비난과 조롱의 대상이 되어 가고 있다. 사실 예배당 하나를 짓기 위해 들어간 이름 없는 성도들의 헌신과 희생을 우리는 쉽게 폄하해서는 안 된다. 그들에게 있어 교회 건물은 자신의 피와 땀과 열정과 소망이 담긴 헌신이고 하나님을 향한 사랑의 고백이었다. 그런 가치관 속에서 교회는 성장했고 확장되었으며 세계 어느 국가, 교회에도 자랑할 수 있는 아름다운 건물과 교세를 이룩하게 되었다. 그러나 그 성취와 외형을 자축하는 사이, 눈에 보이지 않는 벽돌이 사라지기 시작했다. 교회 됨을 정의하는 사랑과 섬김, 용서와 화해, 복음 증거와 선교가 그 화려한 외적 형태에 갇혀 신앙 공동체의 호흡이 되지 못하는 기형적인 모습을 띠게 되었다. 교회는 세상으로부터 부름 받은 거룩한 백성들의 공동체가 되어야 하며 동시에 복된 소식을 증거하기 위해 세상으로 보냄 받은 공동체가 되어야 함에도 불구하고, 모든 역량은 교회 안으로 집결되고 교회 자체를 유지하기 위한 방편에 소진되었다. 그렇게 교회는 복음의 열정도 사회적 책임도 잃어버린 이기적 집단으로 비치게 되었다. 교회가 권력을 탐하고 추구할수록 그리스도의 십자가는 그 능력을 상실하고 무기력한 모습으로 전락하고 있는 현실을 우리는 경험하고 있다.

변화와 위기의 관계를 재고하라

그런 측면에서 우리는 오늘의 상황을 냉정하게 재고해 볼 필요가 있다. 사회의 변화가 교회의 위기에 끼치는 영향은 얼마나 될 것인가? 실제로 이 시대의 변화는 그 폭과 깊이를 예측할 수 없을 정도로 큰 파장을 만들어 내면서 삶의 근본을 뒤바꿔 놓고 있다는 점에서 무서운 파괴력을 지녔다. 오랫동안 유지되어 왔던 전통적 가치관과 문화들이 도전 받는 상황 속에서, 가장 보수적인 성격을 띠고 있는 단체 중 하나인 교회는 대응의 방향조차 잡지 못한 형국에 놓여 있다. 무엇보다 급속한 세속화가 몰고 온 다원주의 영향은 기독교의 입지를 더욱 좁혀 놓고 있다. 예수 그리스도를 통한 기독교의 유일성을 선포하는 것 자체가 평화와 공존을 위협하는 독선으로 비춰지기 때문이다. 그리고 그러한 관점은 기독교 내에서조차 제기되고 있다. 세속화 시대가 가져올(아니 이미 시작된) 사회적 변화들을 살펴보자.

1. 그 사회는 우주와 인간의 위치에 관한 어떤 특정한 견해를 고집하지 않는다. 2. 따라서 사실상 다원적인 사회일뿐더러 원칙적으로 다원주의를 따르는 사회다. 3. 따라서 아주 관용적일 것이나, 단 사회적으로 용인된 정책에 반대하는 행위만은 관용할 수 없는 사회일 것이다. 4. 하지만 시민들이 다 함께 추구할 수 있는 공동의 목적을 가진 사회여야 한다. 5. 세속 사회는 감정과 비합리적 충동을 제거함으로써 사회적 문제를 해결할 것이다. 6. 끝으로, 세속 사회는 사람들에게 공식적인 이미지, 이상적인 유형이나 모델을 제시하지 않는 사회일 것이다. 그 대신, 서로 다른 신념을 가진 사람들이 함께 일할 수 있는 틀을 제공하게 될 것이다.[64]

세속화는 급격한 세계화의 바람과 맞물려 결국에는 다원주의로 흘러 갈 수밖에 없다. 그리고 이러한 물결은 다른 신념과 종교를 따르는 사람들과 공존하기 위해 필연적으로 자신의 견해에 대한 수정과 관용을 요구할 것이다. 공동의 목적을 위한 타협과 협력이 중요한 요소가 된다. 당연히 유일한 진리를 주장하는 기독교 신앙은 이러한 다원주의적 가치관과 대치된다. 다른 종교 역시 자신만의 경전과 신앙 고백, 신비한 경험을 소유하고 있다는 측면에서 예수만을 유일한 진리요 구원의 통로라고 주장하는 기독교 교리는 편협하고 편파적인 신앙으로 보일 수밖에 없을 것이다. 이에 더불어 해체적이며 개인주의적 세계관에 익숙한 세대들의 등장은 신조와 제도에 충실하려는 전통적 기독교에겐 치명적 위험이 될 확률이 높다. 변화는 이런 측면에서 매우 도전적이며 기독교 선교의 강력한 위험 요소가 된다.

그러나 이 시대의 변화는 반대 측면도 보유하고 있다. 급격한 기술 문명의 발전과 IT의 진화는 국가와 지역, 세대와 계층의 벽을 허물어가고 있다. 이는 당연히 물리적으로 접근할 수 없었던 지역과 대상, 세대를 향한 선교적 가능성이 되기도 한다. 과거의 선교 패러다임은 특별한 소명을 받은 소수의 사람에게 한정된 것이었다. 그들이 지리적 장벽을 넘어 현지인에게 직접 복음을 전해야만 했기 때문이다. 그러나 변화된 세계는 이러한 패턴을 무너뜨렸다. 말 그대로 지구촌화가 되어 가는 환경 속에 우리는 살게 되었다. 세계 곳곳에서 모여든 사람들로 선교지가 내 주변에 형성되어 있는 것이다. 내가 살고 있는 지역, 혹은 바로 옆집에 복음을 전해야 할 사람들이 존재할 가능성이 높아지고 있다. 또 다른 관점에서 기술의 발전과 SNS를 통한 소통 방식은 복음 전파를 더욱 유연하게 할 수 있는 통로가 되고 있다. 실제로 페이스북과 트위터, 각종 온라인 커뮤니티는 지역과 인종, 세대를 초월해 새로운 공동체를 형성시키는 근거가 되고, 이는 곧 물리적으로 접근이 제한된 사람들에게도 복음을 전할 기회를 제공한다.

이렇듯 변화란 기독교 선교에 있어 도전이며 동시에 가능성이다. 분명한 사실은 이러한 변화가 기독교 선교에 절대적으로 불리하게만 작용하지 않는다는 점이다. 기독교뿐 아니라 다른 모든 종교도 같은 지형 가운데 놓여 있음을 기억하자. 문제는 우리가 전하는 메시지가 살아있는 진리로 인식될 수 있는가 하는 점이다. 포스트모던 시대의 현대인들에게 있어 참지식이란 경험을 통해 습득된다는 점을 기억해야 한다. 무엇을 전달 받았느냐보다 무엇을 체험했느냐가 더 중요하다. 아무리 훌륭한 이론과 틀이 제시된다 할지라도 자신과 직접적인 연관성이 없고 체험될 수 없다면 이는 무가치한 것으로 여겨져 삭제(delete)될 것이 분명하다. 그러므로 기억해야 할 핵심은 이것이다. 뉴비긴(Lesslie Newbigin)이 이야기한 것처럼 다원주의 시대의 유일한 진리의 표지는 회중의 삶 자체이다. 회중의 삶이 선포하는 복음을 해석하는 근거가 된다.[65] 복음의 해석자로서 그리스도인의 삶이 감동되고 진리로 경험되어질 때 선포는 비로소 복음이 된다.

갱신은 본질로부터 시작된다

같은 맥락에서 갱신은 본질로부터 시작되어야 한다. 살펴본 것처럼, 기술과 상황의 변화는 사실상 새로운 아이템이 아니다. 현재에서 바라보는 과거는 언제나 불완전한 대상이며 다가올 미래는 불안해 보이기 마련이다. 중요한 것은 자기 정체성이다. 우리는 누구이며 무엇을 위해 부름 받았는가가 분명해져야 한다. 그것이 명확해질 때 교회는 새로워질 수 있다.

기억하라. 교회는 그 시작부터 그리스도의 고난과 죽음, 그리고 부활에 기초한 공동체였다는 사실을. 그리스도의 십자가는 순교자의 피로 계승되었고, 수많은 무명의 제자들은 그리스도의 남은 고난을 기쁨으로 동참해 왔다. 그들의 희생과 헌신이 있었기에 하나님의 나라는 세계 열방으로 확장될 수 있었다. 신앙의 선진들이 상황에 함몰되지 않고 담대히 복음의 증인이 되었던 것처럼, 오늘 우리의 사명은 흔들리지 않는 신앙고백 위에서 담대하고 능동적인 대응을 하는 것이다.

역사는 그런 차원에서 본질의 중요성을 강조한다. 즉, 위기 상황에 처한 신앙 공동체가 위기에 대처하는 자세뿐 아니라 이를 극복하고 한 차원 높은 대응을 할 수 있는 유일한 근거는 본질에 충실할 때임을 우리는 배워야 한다. 다시 스윈돌이 제시한 갱신의 원리로 돌아가 보자. 그는 지금이야말로 교회가 깨어나 갱신을 이루어야 하는 매우 위급한 상황임을 강조했다. 그러나 그 원리는 전혀 새로운 것이 아니다. 아니 갱신을 추구하는 사람들은 언제가 이 두 가지 원리를 기억해야 한다고 말한다. 그것이 무엇인가?

첫째 원리는 주님께서 그분의 교회를 세워 가신다는 사실이다. 그 어떤 음부의 권세도 이기지 못할 교회를 주님은 약속하셨다(마 16:18). 그러나 동시에 그 약속 이면에는 교회를 파괴하고자 하는 원수가 존재하고 있음을 기억해야 한다. 사탄은 교회를 방해하고 가능하다면 파괴하기 위한 어떠한 노력도 멈추지 않을 것이다. 그의 공격에는 성역이 없다. '위선, 잘못된 동기, 재정적 유혹, 성적 스캔들, 성경 해석의 오류, 협박하는 기술, 신랄한 비판, 가짜 서류, 낙담, 불일치 등…' 사탄은 그가 할 수 있는 모든 것을 동원해 공격할 것이다. 이를 통해 사탄은 교회를 어지럽히고 영적인 부식을 발생시켜 혼돈과 혼란을 초래할 것이다. 만약 사탄의 전략이 성공한다면, 교회는 더욱더 그리스도로부터 위임받은 사명 대신 숫자와 예산, 외적인 갈채와 사람들의 인정에 초점을 맞추게 될 것이다. 마치 주님의 교회를 뒷받침하고 있는 벽돌을 하나둘씩 빼나가듯 말이다.

두 번째 원리는 그럼에도 불구하고 교회의 주인이신 예수 그리스도는 기도를 붙잡고 하나님의 말씀을 증거하고자 하는 어떤 계획도 존중하시며 축복하실 것이라는 사실이다. 초대교회 사도들의 삶이 그것을 입증한다. 당시 교회 지도자들에게 있어 가장 중요한 우선순위는 '기도하는 일과 말씀 사역'(행 6:4)에 있었다. 사도 바울 역시 그의 제자 디모데에게 권면하기를 간구와 기도와 도고와 감사의 중요성을 가르쳤다(딤전 2:1). 또한, 하나님의 말씀이 중요하다. 말씀은 성도 개인과 함께 신앙 공동체의 영의 양식을 제공하고 거룩한 삶을 이끄는 원천이 된다. 하나님의 말씀 없이 영적으로 살아가는 것은 불가능하다. 모든 사역은 하나님의 말씀 위에 기초하여 세워져야 하고 검증되어야 한다. 기도 역시도 마찬가지다. 하나님의 말씀은 우리가 기도할 때에 누가, 언제, 어디서, 왜, 무엇을, 어떻게 해야 하는지를 가르쳐 주고, 하나님의 뜻에 순종하는 방법을 가르쳐 준다. 그러므로 사역의 갱신을 꿈꾸는 자는 하나님의 말씀에 온전히 거해야 한다. 하나님의 말씀에 대한 헌신은 단순히 읽고, 믿고, 설교하는 것이 아니다. 그것을 살아내는 것에 있음을 기억해야 한다. 이렇듯 사역에 있어 기도와 말씀의 중요성은 아무리 강조해도 지나치지 않다. 기도와 말씀은 하나님의 지혜와 인도를 받는 유일한 통로이며 가장 안전한 길이다.

이 시대는 교회 갱신이 필요하다. 아니 갱신 없이는 교회의 존재 또한 불가능해질 것이다. 그러나 본질을 벗어난 노력은 초점을 흐리게 할 뿐이다. 온전한 방향 설정 없이 시도되는 새로운 사역들은 교회 됨의 정체성을 어지럽힐 뿐이다. 기초가 중요하다. 그리고 그 기초는 언제나 하나님의 기록된 말씀과 그 말씀 안에서 검증되는 기도의 응답이어야 한다. 교회는 주님의 것이기에 우리는 주님의 뜻을 발견하고 그 뜻 안에서 행해야 할 책임이 있다. 한 가지 잊지 말아야 할 것은 주님의 품은 상상할 수 없을 만큼 크고 넓고 깊다는 사실이다. 우리에게 주어진 창조성을 다 발휘해도 미치지 못할 정도로 크신 주님을 온전히 믿고 신뢰하는 것보다 더 중요한 일은 없다.

우리 앞에 닥친 현실을 점검하라

사탄은 과거 반기독교적인 절대 권력을 동원해 주님의 교회를 하루아침에 진멸시키려고 했던 시도 대신, 문화라는 이름과 기술이라는 도구로 기독교인의 가치관을 잠식해 가는 전략을 선택했다. 그렇게 기독교의 정체성과 가치관을 파고들어 마침내 그 본질을 훼손시키는 일을 성공적으로 수행해 가는 중이다. 한국 교회는 외형적으로 큰 성취를 이루었으나, 이러한 사탄의 전략에 빠져 복음의 열정도 사회적 책임도 잃어버린 이기적 집단으로 비치게 되었다. 우리는 그 전략에서 벗어나기 위해 현실을 직시하고 대안을 세워 나가야 한다.

갱신을 위한 첫걸음을 내디뎌라

갱신은 본질로부터 시작되어야 한다. 중요한 것은 자기 정체성이다. 우리는 누구이며 무엇을 위해 부름 받았는가가 분명해져야 한다. 그것이 명확해질 때 교회는 새로워질 수 있다. 교회는 그 시작부터 그리스도의 고난과 죽음, 그리고 부활에 기초한 공동체였음을 기억하라. 또한 십자가의 순교자의 피로 계승되었고, 수많은 무명의 제자들이 있었기에 하나님의 나라는 세계 열방으로 확장될 수 있었다. 이들처럼 오늘날 우리의 사명은 흔들리지 않는 신앙고백 위에서 담대하고 능동적인 대응을 하는 것이다.

9장

갱신과 수명주기
Awareness

intro

모든 사람은 태어나서 아동기, 청소년기, 청년기를 거쳐 중
년기, 노년기를 지난다. 교회도 이와 같은 수명주기를 통과
하게 된다. 9장에서는 여러 학자들이 주장한 교회의 수명주
기를 살피고, 이를 통해 각 단계마다 갱신의 초점을 어떻게
맞추어야 하는지 알아보도록 하자.

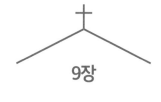

9장
갱신과 수명주기
Awareness

시한부 선고를 받다

죽음을 목전에 둔 한 환자에 관한 이야기다. 10년 전 처음 그를 만났을 때도 환자의 상태는 매우 심각했었다. 물론 전혀 희망이 없다고 말하기는 어려웠지만, 그러한 소망은 환자 자신의 삶에 급진적이고 본질적인 변화가 없이는 불가능한 것이었다. 문제는 환자가 변화를 원치 않았다는 점이다. 상태가 악화되어 가는 걸 알면서도 환자는 변화를 거부했다. 죽어가면서도 말이다. 결국, 나는 슬픈 소식을 전해야만 했다. "당신은 곧 죽을 것입니다." 환자에게 남겨진 시간이 얼마 되지 않는다는 사실을 알리는 것은 쉬운 일이 아니다. 그러나 환자의 주의를 끌고 변화를 촉구하기 위해서는 어쩔 수 없었다. "별다른 변화 없이 이러한 상태가 지속된다면 당신에게 남은 시간은 5년 정도뿐입니다." 사실 그 5년이라는 시간도 매우 낙관적인 시각에서 계산된 시간이었다. 실상은 1년 안에 죽는다 해도 놀라지 않을 정도로 환자의 상태는 위급했다.

그러한 나의 진단에 대해 환자는 부정을 넘어 분노로 대응했다. "나는 당신의 진단이 잘못되었다고 생각합니다. 나는 그것을 증명할 겁니다. 나는 결코 죽지 않을 것입니다." 환자의 말은 사납고 무례했을 뿐 아니라 분노까지 점철되어 있었다. 나의 역할은 거기까지였다. 나는 환자를 떠나야 했고 그것이 내가 할 수 있는 전부였다. 환자를 뒤로하고 떠나야 하는 마음은 무척이나 무겁고 슬펐다.

결론은 이랬다. 그 시점에서 환자가 한 말이 옳았음이 증명되었다. 진단 이후 그는 5년을 지나 또 다른 10년을 더 살았다. 그러나 마지막 10년은 너무 비참했다. 비록 물리적으로는 살아있었지만, 그 시간은 고통과 질병, 절망으로 점철된 날들이었다. 이러한 과정을 지켜보면서 이후의 날들을 가까스로 생존하는 것이 과연 좋은 일인가에 대한 의문이 들었다. 환자는 나아지지 않았고 서서히 그러나 고통 속에서 죽음을 맞이했기 때문이다.[66]

이야기는 실화다. 그러나 여기에 묘사된 환자는 사람이 아닌 교회였다.

본 이야기 속의 주인공이며 해당 교회의 컨설턴트였던 톰 레이너(Thom S. Rainer)에 따르면 위 교회의 시작은 매우 좋았다. 시작 당시 교회는 시대적 소명과 비전을 품고 아름다운 공동체로 출발했다. 지속적인 성장을 이루며 한때는 출석 성도 750명을 가진 중형교회로 사람들의 주목을 받기도 했다. 그러나 어느 시점부터 추진력이 상실되었다. 조금씩 교인이 줄기 시작하더니 어느 순간 과거의 영화는 전부 사라지고 말았다. 컨설팅을 받을 당시에는 고작 80여 명의 성도만 남아있을 뿐이었다. 이 모습은 마치 "거대한 예배당이 성도를 집어삼킬 것 같은" 상황이었다. 아쉽게도 교회는 더 왜소해졌고 끝내 역사의 뒤안길로 사라졌다.[67]

교회의 수명주기(Life Cycle)

교회가 여느 조직체처럼 수명주기를 가진다는 것은 이상한 일이 아니다. 지역교회 역시 사람들이 모여 형성된 조직체이기 때문이다. 인간의 조직으로서 교회는 제도와 형식, 규율과 의식 등을 필요로 한다. 벌코프(Louis Berkhof)의 표현에 의하면 신자들의 공동체로서 '유기체적 교회'는 기능적 측면에서의 '조직체로서의 교회'를 요구한다. 이런 교회의 두 가지 측면은 필연적이며 동시에 상호보완적이어야 한다.[68] 성도들이 모이는 유기체적인 공동체에 제도와 형식, 기능적 역할을 하는 조직체로서의 모습이 더해질 때 교회는 더 효율적으로 주어진 사명을 감당할 수 있을 것이다. 그러므로 조직과 제도 자체는 중요하다. 그 자체가 악한 것이 아니다. 문제는 앞서 언급한 것처럼, 교회가 자신이 형성한 제도 자체에 안주하고 갇히게 될 때다. 전통과 제도를 절대시함으로 성경적 가르침과 성령의 인도하심을 무시하게 될 때 교회는 구시대적 유물이 되고 만다. 그리고 그 운명은 결국 퇴보와 사멸뿐이다.

그렇다면 교회의 수명주기는 어떻게 묘사될 수 있을까? 교회성장학자 게리 맥킨토시(Gary L. McIntosh)는 조직으로서 교회의 수명주기를 연구한 학자들의 이론에 근거하여 '교회 또한 다른 조직과 마찬가지로 예측 가능한 패턴화된 과정을 통과한다'는 사실을 공론화했다. 모든 사람이 동일한 과정을 통과하듯이 조직 역시 시작과 성장, 퇴보의 과정을 겪는다는 것이다. 〈그림 1〉은 사람이 통과하는 수명주기다.

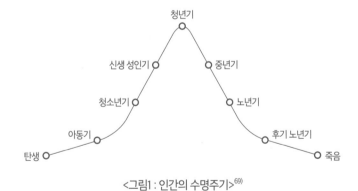

<그림1 : 인간의 수명주기>[69]

모든 사람은 아동기와 청소년기를 거쳐 청년기에 이른다. 이때까지는 가파른 상승곡선을 그린다. 그러나 열정과 에너지가 충만한 절정기를 지나 중년기가 되면 곡선은 하향곡선으로 바뀐다. 노년기에 접어들면 사람은 쇠퇴하고 결국 어느 시점에 이르러 생명은 멈춘다. 단 한 사람의 예외 없이 모든 사람은 이 같은 과정을 통과한다.

로버트 데일(Robert D. Dale)의 이론

교회의 수명주기 역시 사람과 매우 유사한 과정을 통과한다. 맥킨토시가 밝혔듯이 교회의 수명주기를 대중화시켰던 로버트 데일은 건강한 조직의 수명주기를 다음과 같이 묘사했다.

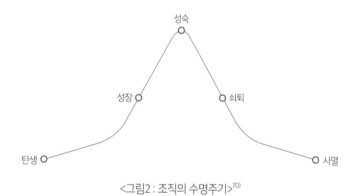

<그림2 : 조직의 수명주기>[70)]

탄생 이후 성장기와 성숙기를 거쳐 전성기를 보낸 조직은 이후 후퇴와 사멸의 단계를 거치며 사라진다. 교회도 마찬가지다. 건강한 교회 공동체가 형성되는 첫 단계를 상상해 보라.

교회엔 비전과 꿈이 있고, 신선함과 생동감이 넘친다. 모임을 통해 형성된 에너지는 지역사회와 공동체를 위해 사용된다. 분명한 사명의식과 우선순위가 신앙 공동체를 이끌면서 교회는 좋은 평판과 선한 영향력을 통해 자연스럽게 성장을 경험한다. 교회가 가진 활력과 에너지, 섬김과 봉사, 살아있는 예배와 의식, 활발한 전도와 선교를 통해 교회는 주변 사람들에게 더욱 매력적인 공동체가 되어 간다.

성도들이 많아지면서 교회는 자연스럽게 그들의 요구와 돌봄을 위해 새로운 프로그램을 개발하고, 정책과 규율을 세운다. 조직과 예산이 편성되면서 소위 '규정이라 부르는 제도적 습관들'을 발전시킨다. 그러나 이 단계 어느 시점이 되면 약간의 문제가 발생하기도 한다. 프로그램과 일 중심적 교회가 될수록 초기 비전과 신뢰에 기초해 실천되어져 왔던 모습과는 다른 형태의 교회가 되는 것처럼 느껴질 것이기 때문이다. 이제는 더 이상 회중이 주체가 되어 사역을 발전시키지 못한다. 전문가와 목회자 중심의 교회가 된다. 이때 재활성화를 위한 자기 점검과 갱신의 노력이 필요하다. 만약 이 기회를 놓치게 되면 교회는 정체기에 빠진다.

오랜 정체기는 자연스럽게 후퇴기로 연결된다. 여기서는 과거의 향수를 그리워하는 구성원들에 의해 공동체의 정체성과 비전, 목적에 대한 의구심이 제기되는 단계다. 설립 때부터 지향해온 가치가 흔들리고 자기 정체성에 대한 의심이 많아지면서 교회 공동체는 '분열'(alienated)되기도 한다. 하나님 나라에 대한 꿈과 비전이 약화되고 공동의 가치가 희미해지면서 교회는 점차 사멸의 단계로 접어들게 된다.[71]

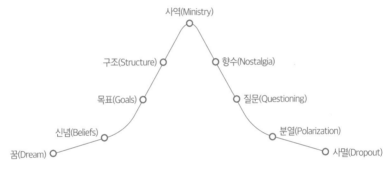

<그림3 : Dale의 수명주기>[72]

정리하면 꿈과 비전(dream)으로 시작된 교회는 분명한 신념(beliefs)과 목적(goals) 아래 조직(structure)을 형성하고 활발한 사역(ministry)을 실천하면서 성장한다. 이것은 건강한 교회가 성장하는 전형적인 패턴이다. 그러나 교회가 정체기에 빠지면 회중 가운데 과거의 향수(nostalgia)를 그리워하며 현재에 대한 불만과 문제(questioning)를 제기하는 사람들이 등장하게 된다. 이후 교회 공동체가 분열(polarization)에 빠지면 결국 돌이킬 수 없는 사멸(dropout)의 길로 접어든다는 것이다.

데이비드 모벌그(David O. Moberg)의 이론[73]

교회의 수명주기를 이해하는 데 있어 또 다른 관점은 데이비드 모벌그의 이론이다. 그는 사회적 제도로서 미국 교회에 대한 심층적 연구를 통해 종교로서 교회의 수명주기를 다섯 단계로 설명했다.

(1) 초기조직단계(incipient organization)

(2) 공식조직단계(formal organization)

(3) 최고효율단계(maximum efficiency)

(4) 제도화단계(institutional stage)

(5) 붕괴단계(disintegration)

그의 이론이 앞선 이론과 차별화되는 점은 데일이 개별화된 지역 교회의 수명주기에 초점을 맞춘 반면, 모벌그는 보다 광의적 측면에서 새로운 갱신 운동의 수명주기를 주로 관찰했다는 부분이다. 모벌그의 다섯 가지 단계를 조금 더 구체적으로 살펴보자.

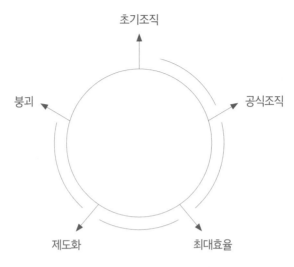

초기조직

공식조직

붕괴

제도화

최대효율

<그림4 : Moberg의 수명주기>[74]

첫 번째는 초기조직단계이다.

보통 새로운 교회 운동은 기존의 현상에 대한 불만과 문제의식으로 시작된다. 이는 선교 역사학자 피어슨(Paul E. Pierson)이 이야기한 것처럼, 새로운 선교 운동은 중심이 아닌 변방에서 발생한다는 이론과 같은 맥락에서 이해될 수 있다. 즉, 기존의 교회가 형식과 제도로 묶여 있거나 새로운 시대 변화에 적절한 대응을 하지 못할 때, 혹은 기득권을 고수하고자 하는 이익집단이 되어갈 때 그곳엔 새로운 운동이 발생할 개연성이 높아진다. 당연히 새롭게 일어난 운동은 전통교회와 차별화를 시도하고, 그런 관점에서 기존 세력과 갈등 관계는 증폭된다. 본 단계에서 새로운 운동은 매우 강한 역동성과 흡인력을 가진다.

두 번째는 공식조직단계이다.

본 단계는 지도자의 리더십에 순응하여 연합과 보편성이 발전하는 시기다. 이때 추종자들은 기존 교회로부터 분리되어 새롭게 형성된 그룹에 공식적인 멤버십을 가지고 헌신을 한다. 교회는 조직의 목적을 보다 뚜렷하게 드러내고자 노력한다. 이를 위해 교회는 자신의 정체성을 선명하게 드러낼 수 있는 독특한 상징이나 구별되는 행동양식을 사용하기도 한다. 이러한 차별성과 구별성으로 인해 교회 공동체는 외부 세력으로부터 비난과 비평을 받기도 한다. 그러나 내부적으로는 그들만의 정체성을 강화하고 결속력을 증가시키는 기회가 되기도 한다.

세 번째는 최고효율단계이다.

본 단계에 접어들면, 교회는 공적인 기준에 의해 움직이는 기관이 된다. 과거 한두 사람의 카리스마적 리더에 의해 움직이던 감성적인 측면은 사라지고 점차 이성적인 조직으로 변모한다. 합리적이며 지성적인 그룹이 리더십을 장악하게 되면서 변방의 분파에서 점차 중앙 무대로 진입하려는 노력이 이루어진다. 기존의 전통 교단과 동등한 위치로 어깨를 나란히 하면서 완전한 조직체로서 모습을 공고히 세워간다. 각종 위원회나 이사회,

다양한 조직 또한 세분화되어 형성된다. 이러한 체제의 정비를 통해 교회 조직은 효율성이 극대화되고, 이를 기반으로 가파른 성장도 발생한다.

네 번째는 제도화단계이다.

아쉽게도 본 단계에 접어들면 기존의 제도와 형식이 오히려 그룹의 생명력을 갉아먹는 원흉이 되기도 한다. 조직은 운동이 아닌 관료주의적 행적 체계에 의해 운영되고, 이는 곧 운동을 태동시키고 이끌어 왔던 그룹의 독특한 정체성을 약화시키는 결과를 낳는다. 자신만의 독특성을 담고 있던 신조나 역동적인 예배, 개혁, 갱신, 변화 등에 대한 열망은 기존 사회의 일원으로서 역할을 강조하면서 자연스럽게 도태되어 간다. 멤버십은 느슨해지고 수동적이며 구성원들 간의 친밀감은 약화될 수밖에 없다.

다섯 번째는 붕괴단계이다.

제도화에 갇힌 교회의 운명은 마치 만성질환에 걸린 환자와 같다. '형식주의, 무관심주의, 진부함, 절대주의, 관료주의, 성직수여나 각종 부패'는 이 단계에서 매우 일반적인 현상이다. 또한 사회적으로 존경을 상실한 교회 공동체는 자기 스스로도 존재 가치에 대한 확신을 잃어버린다. 아이러니한 것은, 그들이 처음 시작했을 때처럼, 이 단계에서는 기존의 구성원들이 역으로 새롭고 활력 있는 교회로 빠져나간다는 점이다. 회복을 위한 다양한 시도에도 불구하고 큰 흐름을 막기에는 역부족이다. 결국, 교회의 운명은 완전히 사멸하든지 아니면 다른 그룹에 흡수되어 사라지고 만다.

조직 수명주기의 의미

조직의 수명주기 이론은 지역교회가 가지는 한계성과 가능성을 동시에 내포하고 있다. 단순한 측면에서 조직으로서 교회는 영원히 존립할 수 없는 존재라는 것이 확연해졌다. 아무리 역동적인 에너지와 힘을 가진 신앙 공동체라 할지라도 시대를 거슬러 지속적인 성장과 영향력을 미치는 것은 불가능하다. 반면에 정반대의 측면에서 교회는 자신의 현재 상태를 분명히 이해하고 진단하게 될 때, 그에 맞는 갱신과 변화의 노력을 기울일 수 있다는 점도 분명한 사실이다.

지속적인 갱신 없이 교회는 발전할 수 없다. 어느 조직이나 위기는 찾아오기 마련이다. 역사를 통해 주님의 교회는 위기가 올 때마다 좌절하지 않고 자신을 시대에 맞게 업그레이드해 왔다. 지금 이 시대도 마찬가지다. 수많은 교회가 사회변화를 읽지 못하고 도태되어 가는 상황 속에서도, 자신과 시대를 이해하고 성령의 인도하심에 민감하게 반응함으로 혁신과 개혁을 창출하며 미래를 이끌어 가는 교회 공동체가 우리 주변엔 많이 있다.

급변하는 변화와 세속화의 거친 도전 속에서 교회는 마치 비극적 운명을 받아들이며 수동적인 태도로 끌려가는 자세를 취해서는 안 된다. 현시대의 위기를 도전으로 받아들이고 이를 극복하기 위한 냉철한 자기 평가와 점검을 통해 더욱더 적극적이며 주도적인 사역을 해 나가야 한다. 한국 교회의 미래가 여기에 달렸고, 그것이 또 수면 아래 감추어져 있는 많은 건강한 교회들이 해야 할 역할이기도 하다.

그런 맥락에서 맥킨토시는 "인간의 수명주기에서 쇠퇴는 불가피한 일이다. 그러나 조직적 수명주기에서 쇠퇴는 피할 수 없는 필연이 아니라 발생할 수 있다는 가능성이다."[75]라고 말한 것이다. 모벌그 역시 자기 자신을 이성적으로 성찰하고 조정할 수 있는 기관들은 병리적 현상과 결합되어 붕괴의 길로 가는 것 대신, 지속적인 조정과 적응을 통해 변화를 모색할 수 있다고 보았다.[76] 핵심은 교회의 현실이 어떠하든지 갱신은 가능하다는 점이다. 물론 교회가 오래되고 수명주기의 후기 단계에 놓여 있을수록 진정한 의미의 생명력 있는 갱신과 부흥 성장은 더 어려울 것이라는 사실 또한 간과해서는 안 된다. 그럼에도 불구하고 기억해야 할 점은 바로 이것이다. 교회가 새롭게 갱신되기 위한 가장 적합한 타이밍은 언제인가? '바로 지금! 여기서!'(right now! Right here!) 이루어져야 한다는 사실을 잊지 말라. 지금이 가장 빠른 시점임을 기억하라!

교회에도 수명주기가 있다

교회도 여느 조직체처럼 수명주기를 가진다. 지역교회 역시 사람들이 모여 형성된 조직체이기 때문이다. 교회의 수명주기와 관련해 많은 학자들이 이론을 내놓았는데, 교회성장학자 게리 맥킨토시는 '교회 또한 다른 조직과 마찬가지로 예측 가능한 패턴화된 과정을 통과한다'고 하였다. 모든 사람은 아동기와 청소년기를 거쳐 청년기에 이른다. 이때까지는 가파른 상승곡선을 그리다가 중년기가 되면 하향곡선으로 바뀐다. 노년기에 접어들면 사람은 쇠퇴하고 결국 어느 시점에 이르러 생명이 멈춘다. 교회 역시 이러한 과정을 거친다는 것이다.

교회의 수명주기를 분석하여 변혁과 갱신을 시작해야 한다

조직의 수명주기 이론은 지역교회가 가지는 한계성과 가능성을 동시에 내포하고 있다. 교회가 영원히 존립할 수 없는 존재라는 것이 확연해졌지만, 현재 상태를 분명히 이해하고 진단하게 될 때, 그에 맞는 갱신과 변화의 노력을 기울일 수 있다는 점도 분명해진 것이다. 위기의 시기에 놓여 있는 한국 교회가 수명주기 이론에 집중하고 분석해야 할 이유가 바로 이것이다. 현시대의 위기를 도전으로 받아들이고, 이를 극복하도록 냉철한 자기 평가와 점검을 통해 더욱 적극적이며 주도적인 사역을 해 나가야 한다.

갱신의 원동력
Simplicity & Essence

intro

교회의 사명은 분명하고 사역은 단순해져야 한다. 다양한 프로그램과 일을 하기 위해서가 아니라 원초적 사명에 초점을 맞추고 거기서부터 새로운 갱신을 이뤄야 한다. 10장에서는 우리에게 주어진 사명에 집중하여 단순함과 본질에 기준을 둔 갱신 과정에 대해 살핀다.

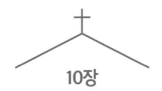

10장

갱신의 원동력
Simplicity & Essence

패스트푸드의 천국이라 불리는 미국에서 가장 대중적인 음식은 햄버거이다. 어디를 가도 맥도널드, 버거킹, 웬디스, 쉐이크쉑 등 수많은 햄버거 가게들이 즐비하다. 그 가운데 미국인들이 가장 사랑하는 햄버거가 있다. 바로 '인앤아웃'(In-N-Out) 버거다. 인앤아웃의 특징은 수십 년간 변함없이 계승되고 있는 단순함이 지닌 미학으로 이해될 수 있다. 놀랄 정도로 싼 가격과 단출한 메뉴, 신선한 맛과 질을 유지하기 위한 최고의 노력이 결합된 햄버거를 먹노라면 먼저 그 맛에 놀라고, 이를 지키기 위한 고집과 철학에 놀란다.

그들은 신선한 햄버거를 만들기 위해 최상질의 고기와 방부제가 전혀 들어가지 않은 재료들만을 사용한다. 상추와 토마토 등도 일일이 손으로 손질하고 철저한 품질검사를 통해 점포로 배달한다. 얼린 고기를 사용하지 않기 때문에 가게에는 냉동고와 전자레인지도 없다. 100% 순 치즈만을 사용하고 프렌치프라이 역시 통감자를 현장에서 절단한 후 콜레스테롤이 없는 식물성 기름에 튀겨낸다. 모든 음식은 주문을 받은 후 조리가 되고, 주방을 개방해 손님들은 자기가 주문한 햄버거가 만들어지는 과정과 재료를 처음부터 끝까지 볼 수 있다.

이뿐이 아니다. 그들은 돈을 많이 버는 것보다 품질을 선택했다. 다른 유명한 프랜차이즈 회사들이 전 세계를 대상으로 확장을 꾀하는 기간에도 그들은 신선한 재료를 유통하기 위해 먼 타주나 해외 매장을 열지 않고 여전히 직영제도를 고수하고 있다.

당연히 이 햄버거 가게엔 밤낮으로 문전성시를 이룬다. 미국 서부 여행을 하는 사람은 반드시 먹어봐야 할 음식이 되었고, 한 번 맛을 본 사람은 그 맛을 잊을 수 없어 캘리포니아를 그리워하게 된다는 전설의 햄버거다.

인앤아웃의 또 하나의 특징이 있다면 이 회사가 신앙의 기업이라는 점이다. 그들은 자신의 신앙적 정체성을 지키기 위해 컵 하단과 햄버거를 싸는 봉지, 프렌치프라이를 담는 상자에 '마태복음 6장 19절', '요한복음 3장 16절', '고린도전서 13장 13절', '요한계시록 3장 20절' 등의 성경구절을 새겨 놓았다. 놀라운 점은 이렇듯 노골적으로 기독교 신앙을 드러냄에도 불구하고 사람들이 전혀 불편해 하지 않고 최고의 인정과 사랑을 보인다는 점이다.

인앤아웃으로부터 우리는 분명한 가치와 단순함, 집중과 몰입의 힘을 발견하게 된다. 변화와 갱신을 원하는 교회가 반드시 기억해야 할 내용이다.

과거와 작별하라

진정한 변화와 갱신은 지금까지 해왔던 방식과의 결별을 통해 새로운 방향전환을 요구한다. 예수를 따르기 위한 개인의 결단 또한 마찬가지다. 모든 그리스도인들은 새로운 존재로 거듭나기 위해 '회개'의 과정을 거쳐야 한다. 진정한 회개는 무엇인가? 회개를 뜻하는 헬라어 '메타노니아'가 가진 원래의 뜻은 생각을 바꾼다는 의미가 포함되어 있다. 생각과 삶의 전환을 뜻하는 이 단어에는 '무언가로부터 등을 돌리는 동시에 다른 무언가를 마주하는 것'이다. 새로운 존재가 되기 위해 옛것을 버리고 새것을 입거나, 새 포도주를 담기 위해 헌 부대를 버리고 새 부대를 취해야 하는 것을 뜻한다.[77]

교회 공동체의 갱신 역시 마찬가지다. 갱신의 출발점은 변화의 필요성을 느끼는 지점에서 시작된다. 현상태를 그대로 유지해서는 안 된다는 절박한 상황에 대한 바른 인식, 즉 생각의 방향을 바꾸고 이후 인식을 변화로 이끄는 행동이 뒤따라야 한다. 그런데 대부분의 교회 조직은 그다음 단계로 나가는 것에 실패한다. 왜냐하면 거기에는 치러야 할 대가가 크기 때문이다.

조직 안에 형성되어진 습관과 관습이 강하면 강할수록 변화는 어렵다. 마치 끓는 물 안에서 서서히 죽어가는 개구리처럼, 서서히 부식되어져 가는 조직 문화 속에 죽어가는 것을 느끼지 못하는 교회가 너무도 많다. 실제로 교회 전문가 톰 레이너(Thom S. Rainer)는 『*Autopsy of a Deceased Church*』(죽은 교회 해부하기)라는 책에서 죽어가는 교회들이 지닌 징조들을 다음과 같이 분석했다.[78]

- 점차적으로 부식되어 갈 때

- 과거가 영웅이 될 때

- 공동체로서의 정체성을 상실해 갈 때

- 예산이 내부 사역에 쏠릴 때

- 대사명이 누락될 때

- 편리 위주의 교회가 될 때

- 목회자의 재임 기간이 줄어들 때

- 함께 기도하는 일이 감소할 때

- 교회의 목적이 분명하지 않을 때

- 교회가 시설에 집착하게 될 때

과거가 영웅이 되고, 공동체로서의 정체성이 사라지고, 예산이 내부적으로만 사용되고, 목적과 사명을 잃고, 사람들의 눈치를 보며, 기도하지 않고, 시설에 집착하게 될 때, 리더십의 근거는 사라질 수밖에 없다. 그런데 그 목록의 첫 번째를 보라. 대부분의 경우, 자기들이 지금 어디를 향해 가고 있는지를 알지 못한다. 뭔가 처음 같지는 않은데, 과거처럼 그렇게 역동적이고 즐겁지 않은데, 그래서 무언가를 바꾸기는 해야 할 것 같은데…. 서서히 부식되어 가면서도 그 결과를 보지 못한다. 안타깝게도 얼마나 많은 교회들이 현실에 대한 안일한 인식을 하고 있는지 모른다. 교회

성장을 연구하다 보면, 성장은 빠른 시간 내에 일어나는 반면, 쇠퇴는 서서히 발생한다. 레이너에 따르면 이러한 부식이야말로 교회가 쇠퇴하는 형태 중 최악의 상황이다.[79] 대부분 감각적으로 그 위험성을 느끼지 못하는 사이, 교회 사역이 총체적으로 약해져 침체에 빠지게 된다.

다음 질문에 솔직히 직면해 보자.

- 만약 우리 교회가 지금과 같은 상태가 지속된다면 이후의 역사는 어떻게 기록될 것인가?
- 약간의 보수공사를 통해 지금과 같은 (혹은 보다 나은) 미래가 유지될 수 있을까?
- 지금 이대로의 조직과 문화, 사역 방식을 통해서도 10년 후, 20년 후 지속적 성장과 건강성을 유지할 수 있을 것인가?
- 교회 밖 믿지 않는 사람들은 제외하고서라도, 시대적 대응을 목말라하는 성도들에게 혹은 어릴 때부터 부모의 손을 잡고 평생 교회를 다닌 우리 자녀들에게 교회는 영적 대안이 될 수 있을까?

만약 위의 질문에 자신 있게 대답할 수 없다면 변화와 갱신은 선택이 아니라 필수다. 그리고 그러한 변화와 혁신은 과거에 얽매여 새로운 모험과 갱신을 가로막는 견고한 습관과 문화를 제거하는 것으로부터 시작된다.

Re_think Church

기업의 변화와 혁신을 주도해 온 리사 보델(Lisa Bodell)은 이러한 필요를 환기시키며, 기업을 살리고 싶다면 "먼저 회사를 죽여야 한다"[80]고 말한다. 대부분 리더들이 저지르기 쉬운 실수 중 하나는 현존하는 조직의 습관과 문화를 고려하지 않은 채 새로운 구조와 조직을 더하려 할 때 발생한다. 새로운 문화를 만들고 싶다면 무거운 몸을 가볍게 하는 일부터 선행되어야 한다. 건강한 내부 변혁이 외적 혁신을 가능케 한다.

사회 조직에서 일반적으로 쓰이는 SWOT 분석을 생각해 보자. 대부분의 기업은 자기 조직이 지닌 **Strength**(강점), **Weakness**(약점), **Opportunity**(기회), **Threat**(위험)을 우선적으로 확인한 후 변화 전략을 짠다. 내적으로 조직이 가지고 있는 장점과 약점을 분석하고 외적 상황에 대한 이해와 그에 근거한 기회와 위험 요소가 무엇인지 철저하게 파악한다. 그러나 여기에도 위험 요소가 있다. 왜냐하면 이러한 접근이 다분히 자기중심적이고 관용적인 관점에서 이뤄질 수 있기 때문이다. 리사는 더욱 냉정하고 객관적인 관점을 얻기 위해 '조직 죽이기'가 필요하다고 주장한다. 어떻게 하면 우리 조직을 쉽게 죽일 수 있을지를 파악하게 함으로서, 외부인의 관점에서 자신을 바라보게 하고, 더욱 냉철하게 자신의 약점과 문제점을 보게 한다. 이렇게 해서 조직을 몰락하게 할 가장 큰 위협 요소와 가장 쉽게 고칠 수 있는 요소를 파악하여 현실을 직시할 수 있어야 한다.

요지는 이것이다. '과연 우리의 눈이 현실을 냉철하게 이해하고 미래를

볼 수 있는 상상력을 가지고 있는가.'라는 점이다. 틀 안에 갇혀 현실 자체
도 제대로 파악하지 못한 교회가 어떻게 미래를 준비할 수 있겠는가. 현실
과 직면한 문제의 근본 원인을 파악하고 이에 대비하는 태도를 갖지 않는
다면 교회의 변화는 모호할 수밖에 없다.

부르심과 비전에 집중하라

　과거의 관습과 오래된 습관을 버리는 만큼 중요한 것이 미래에 대한 상
상력을 갖는 일이다. 생명력 있는 교회는 그 초점이 미래에 맞춰져 있다.
현실적 어려움에도 불구하고 모든 성도들이 함께 꿈을 꾸고 희망 속에
서 도전하기를 두려워하지 않는다. 교회의 주인은 예수 그리스도다. 교회
가 존재하는 목적 또한 예수께서 의도하셨던 뜻과 계획에 부합해야 한다.
"무엇을 위해 존재하는가!" 이 원초적 질문에 대한 명확한 대답이 있어야
한다.
　크리스 주크(Chris Zook)와 제임스 앨런(James Allen)은 지속적인 성장을 이
뤄온 기업들을 연구하면서 그들의 원동력이 무엇인지를 심도 있게 조사했
다. 거기서 발견된 가장 주된 핵심은 지속성을 가진 기업일수록 그 뿌리가
든든하며, 창업자의 대담하고 야심 찬 정신이 내부적으로 유지되고 있다
는 것이었다. 조직의 뿌리가 되는 이러한 '창업자 정신'(The Founder's Mentality)

은 기업의 비전과 전략을 수행하는 데 방해가 되는 그 어떤 관료주의나 복잡성도 용납하지 않는 특징이 있다.[81] 기존 업계의 질서와 규칙에 반해 새로운 시장을 창출하려는 '반역적 사명의식'을 잃지 않고 모든 직원이 공유하는 것이 핵심이다.[82]

일반 기업도 창업자 정신을 이토록 중요하게 여긴다면, 교회 공동체가 집중하고 회복해야 할 것이 무엇인지는 너무도 선명하다. 예수 그리스도의 정신은 하나님 나라를 향해 있었다. 공생애를 시작하면서 가장 먼저 외치신 말씀도 하나님 나라에 대한 말씀이었고, 마지막 제자들에게도 하나님 나라의 사명을 위임하셨다. 하나님 나라의 회복과 통치를 위해 예수는 오셨고 죽으셨다. 부활하신 예수께서 성령을 보내 주신 것 역시 그 사명을 이루기 위해서였다. 우리는 교회로서 이 사명을 위해 부름을 받았다. 하나님 나라의 복음을 전파하기 위해 선택받았고 또 보냄 받았다. 그런 측면에서 교회의 사명은 분명하고 사역은 단순해져야 한다. 원초적 사명에 초점을 맞추고 거기서부터 새로운 갱신을 이뤄야 한다. 그리고 그 원초적 사명을 이루기 위해 지역 교회들은 자신에게 주어진 독특한 자원과 은사를 활용해 하나님 나라를 위한 창의적 사역을 수행할 수 있어야 한다.

미국에서 가장 혁신적인 교회로 인정받는 라이프교회(Life Church)의 크레이그 그로쉘(Craig Groeschel)은 그런 맥락에서 다음과 같은 질문을 던진다.

• 당신의 교회는 어떤 사역을 가장 잘하는가?

- 단 한 가지 사역만 할 수 있다면 무엇을 선택하겠는가?
- 온갖 사역 가운데 단 한 가지만 할 수 있다면 무엇을 선택하겠는가?

하나님 나라의 사역은 단순하면서 동시에 창의적이다. 앞서 본 인앤아웃 버거를 생각해 보자. 그들의 메뉴는 단순미 그 자체이다. 3가지 종류의 햄버거와 3가지 세트밖에는 제공하지 않는다.

더블더블버거와 감자튀김과 음료수
치즈버거와 감자튀김과 음료수
햄버거와 감자튀김과 음료수

사명에 집중하는 교회가 되기 위해 어떤 사역을 더할 것인가를 고민하기보다 무엇이 불필요한지를 고민하고 기도하라고 그는 조언한다. 사역이 다양해지고 많은 일을 하게 될수록, 교회는 복잡해진다. 원래 목적을 상실하게 된다. 교회 내에 있는 사람들은 분주해지고, 다들 맡겨진 일들을 열심히 하고 있기는 한데, 시간이 지나면서 내가 지금 무엇을 하고 있지? 무엇 때문에 이렇게 바쁘지? 스스로 묻게 된다. 그러면서 우리는 무엇 때문에 무엇을 위해 존재하는가라는 원초적 질문을 하게 된다. 단순한 교회가 되기 위해서는 부르심과 비전에 맞지 않는 일들을 과감히 포기할 수 있어야 한다. 그리고 우리의 부르심을 극대화할 수 있는 사역에 더 집중해야 한다.

처음 교회를 시작할 때부터 복잡한 교회는 없다. 대부분의 교회는 단순하고 본질적인 일에만 집중한다. 그도 그럴 것이 그때는 사람도 조직도 재정도 충분치 않다. 할 수 있는 일과 해야 하는 일만 하기에도 힘이 벅차다. 그러다 사람이 모이고 자금이 생기고 여력이 생기면 그때부터 조직을 세분화하고 더 많은 곳에 손을 뻗친다. 마치 문어발 기업처럼 확장에만 열을 올린다.

미국의 젊은 교회들을 연구하면서 발견했던 가장 놀라운 점 중의 하나는 단순함과 집중력이었다. 크레이그 그로쉘의 경우, 라이프교회는 모든 사역을 다음의 다섯 가지에만 집중한다고 한다: 주일 예배, 선교, 소그룹, 아이들, 학생들. 그러면서 이렇게 이야기한다.

"그럼 주일학교는 어떻게 하지? 수요 저녁 성경공부는? 성경학교는? 안 한다. 독신자 사역은 어떻게 되는 것인가? 남성 사역은? 여성 사역은? 이 또한 안 한다. 교회 콘퍼런스, 변증학 콘퍼런스, 재정관리 콘퍼런스는? 그것 역시 안 한다. 성탄절 장식은? 부활절 연극은? 뮤지컬은? 안 한다. 우리는 다섯 가지 일을 한다. 왜? 이 다섯 가지가 하나님이 우리를 불러 맡기셨고 잘 감당하도록 최적의 준비를 시켜 주신 일이라 믿기 때문이다."

필자가 타주에 갔을 때이다. 그 지역에서 가장 큰 한인교회 중 한 교회에서 콘퍼런스가 열렸다. 놀랍게도 그 교회는 동성애를 받아들이는 교단의 정책에 반대해 수천만 불의 건물을 포기하고 학교를 빌려 예배하는 광야의 시대를 보내고 있었다. 집회마다 뜨거운 눈물과 울부짖는 기도를 보며 교회 공동체가 느끼고 있는 아픔과 헌신을 느낄 수 있었다. 세미나 시간을 통해 나는 건물을 포기하고 나온 성도들의 결단과 헌신에 대해 위로와 격려의 말을 전했다. 그때 한 중직자가 한 말을 잊을 수 없다. 비록 자신들의 땀과 눈물과 헌신이 배인 교회 건물을 포기하고 나와 나그네와 같은 길을 걷는 것이 안타깝지만, 그 덕분에 교회가 본질에만 집중할 수 있게 되어 너무나 감사하다는 고백이었다. 건물이 있을 때는 일주일 내내 교회에서 제공하는 프로그램을 섬기고 참여하느라 모든 힘과 에너지를 거기에 쏟았지만, 이제는 단순한 모임과 세상을 향한 섬김이 자연스럽게 이뤄질 수밖에 없는 구조가 되어 오히려 교회가 더 건강해졌다는 말이었다.

그렇다. 이제는 더 이상 프로그램과 건물 때문에 모이는 시대는 끝났다. 그들은 이제 비전과 사명 때문에 모인다. 워싱턴 DC에 있는 National Community Church의 경우, 수천 명의 성도가 있음에도 불구하고, 8개의 캠퍼스로 분산해 있고 예배 장소 역시 교회 건물이 아닌 극장에서 모인다. 예배를 통해 하나님을 높이고 흩어져 전도자의 삶을 살며 하나님의 나라와 선교에 헌신하는 성도를 만들어 내보내는 것에 모든 역량을 기울인다. 비본질적인 프로그램이나 서비스는 찾아보기 힘들다. 젊은 교회일수록 이

Re_think Church

런 특징은 도드라진다. 진정한 가치를 소유하고 있는지, 그리고 그 가치를 실현하기 위해 최선을 다하고 있는지, 그것에 삶을 드려도 될지를 가늠한다. 교회 내 성도들뿐 아니라 교회 밖 일반 사람들도 다르지 않다. 그런 교회일수록 더 많은 전도와 선교가 이뤄진다. 잃어버린 영혼이 돌아오고 삶을 주님께 드리는 헌신이 발생한다.

본질을 붙잡고 있는가.

그 본질에 최적화된 조직과 구조를 형성하고 있는가.

비본질적 사역을 제거할 수 있는가.

갱신을 위한 대사(大事)를 치를 용기가 있는가.

스스로 질문해 보길 바란다.

지금은 걸어온 방향을 점검할 때다

진정한 변화와 갱신은 지금까지 해왔던 방식과의 결별을 통해 새로운 방향전환을 요구하는 것이다. 새로운 존재가 되기 위해서는 옛것을 버리고 새것을 입거나, 새 포도주를 담기 위해 헌 부대를 버리고 새 부대를 취해야 하는 것이다. 그렇다면 교회 갱신의 출발점은 어디인가? 바로 변화의 필요성을 느끼는 지점에서 시작된다. 현상태를 그대로 유지해서는 안 된다는 절박한 상황에 대한 바른 인식, 즉 생각의 방향을 바꿔야 한다. 그리고 이후에는 인식을 변화로 이끄는 행동이 반드시 뒤따라야 한다.

하나님 나라의 사역은 단순하며, 창의적이다

예수 그리스도의 정신은 하나님 나라를 향해 있었다. 하나님 나라의 회복과 통치를 위해 예수님은 죽으시고 부활하셨다. 우리는 교회로서 이 사명을 위해 부름 받았음을 기억해야 한다. 하나님 나라의 복음을 전파하기 위해 선택받았고 또 보냄 받았다. 그런 측면에서 교회의 사명은 분명하고 사역은 단순해져야 한다. 다양한 프로그램과 일을 하기 위해서가 아니라 원초적 사명에 초점을 맞추고 거기서부터 새로운 갱신을 이루어야 한다. 그리고 원초적 사명을 이루기 위해 지역 교회들은 자신에게 주어진 독특한 자원과 은사를 활용해 하나님 나라를 위한 창의적 사역을 수행할 수 있어야 한다.

11장

갱신을 위한
진단과 대응
Analysis & Response

모든 교회가 부흥과 성장을 갈망하지만, 현실에 대한 분명한 인식을 가지고 자신의 상태를 있는 그대로 대면하지 못하는 경우가 대부분이다. 그러나 교회의 갱신을 원할수록 교회 공동체의 현재 상태를 날카롭게 진단하고 새로운 변화를 향한 변혁을 시도해야 한다. 11장에서는 혁신을 위한 단계와 과정에 대해 알아보자.

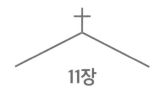

11장

갱신을 위한 진단과 대응
Analysis & Response

　남부 캘리포니아 애너하임(Anaheim)에 위치한 이스트사이드교회(Eastside Church)는 최근 가파른 성장과 함께 교계의 주목을 받는 교회다. 지난 최근 10년간 연간 예배 평균 출석수가 1천9백 명에서 1만 명을 상회할 정도로 급성장을 했다. 이러한 성장세로 인해 2017년 〈아웃리치 매거진〉(Outreach Magazine)은 이 교회를 미국에서 가장 빨리 성장하고 있는 100대 교회 중 2위에 이름을 올렸다. [83] 복음전도가 어려운 시대에 이토록 지속적이며 급속한 성장을 이루고 있다는 사실 자체도 놀랍지만, 그 내용을 보면 오래된 교회도 소망이 있다는 기대를 가질 수 있다는 점에서 더 고무적이다.

　50년의 역사를 가진 이스트사이드교회는 성장과 침체, 쇠퇴를 경험하던 전형적 교회였다. 2008년 진 아펠(Jene Appel)이 새로운 담임목사로 부임했을 때 교회는 밑바닥을 치고 있었다. 한때 2천9백 명의 성도를 가졌던 교회가 1천 명 이상 줄면서 성장에 대한 기대는 꺾였고, 성도들과 부서들은 모래알처럼 흩어진 상태였다. 오래된 교회가 지닐 수 있는 대부분의 문제를 표출하며 교회의 미래는 어둡기만 했다. 그런 면에서 이스트사이드 교회가 보여준 반전은 놀랍기만 하다. 그러나 진짜 놀라운 일은 성장의 내용이다. 교회의 성장이 다른 교회를 다니고 있던 성도들의 이동 때문이 아니라 교회를 떠난 성도들(the dechurched)과 불신자들(the unchurched)을 전도해서 이뤄졌다는 사실이다. 2016년 한 해 동안 예수를 믿고 세례 받은 수가 8백 명에 이른다. 과거에 비교하면 이스트사이드는 완전히 다른 교회가 된 것이다.

물론 변화의 근원지는 2008년 진 아펠이 교회의 담임목사로 오면서 발생했다. 과거의 관습과 습관에 물든 교회를 개조하기 위해 그가 가장 먼저 시도했던 일은 명확한 비전과 목표를 세우는 일이었다. 그들은 '하나님을 추구하고 이웃 사랑을 구체적으로 실천하고 공동체를 건설하여 가정과 공동체, 세계를 변화시킨다.'는 비전 아래, '메인 캠퍼스에서 20마일 이내에 거주하는 5백80만 명의 인구 중 1퍼센트를 성도로 삼는다.'는 구체적인 목표를 설립했다. 비전과 목표가 분명해지자 사역의 방향 또한 또렷해졌다. 목회자는 비전을 공유하기 위한 말씀과 가르침에 집중했고 교회는 철학에 입각한 사역을 실시하기 위해 구조와 스태프, 봉사자들을 재편성했다. 핵심가치를 발견하고(why) 그에 근거한 무엇을 찾고(what), 이후 어떻게 공동의 목표를 이룰 것인가(how)를 고민하며 새로운 조직과 구조를 형성했다.

물론, 아무리 좋은 계획과 조직을 갖췄다 할지라도 성도들이 움직이지 않으면 모든 것은 허사가 된다. 이 명확한 사실로 인해 교회는 성도가 사역의 주체가 되도록 유도했다. 사역의 기회를 오픈하고, 누구나 참여하고 이끌 수 있는 문화를 만들었다. 이렇게 참여한 사람들은 단순히 사역을 돕는 봉사자가 아니라 교회와 세상을 변화시키는 자들로 인식되었다. 교회는 이러한 성도들을 체인지 메이커(Change Maker)라고 부르며 그들만을 위한 공간을 따로 만들었다. 지속적으로 체인지 메이커들의 수고를 인정하고 격려하면서 사역에 자긍심을 갖게 하자 현재는 자원자가 너무 많아 고민할 지경에 이르게 되었다.

물론, 교회의 관심은 내부에만 머물지 않았다. 성도들이 일상의 삶 속에서 이웃을 만나고 사랑하고 섬길 수 있는 이유와 여유를 찾도록 돕기 시작했다. 하나님을 알지 못하거나 떨어져 있는 사람들과 깊은 관계를 맺고 복음을 증거하도록 독려하고 격려하는 일은 아무리 강조해도 지나치지 않다. 그러나 이스트사이드교회는 이 사역을 개인적 차원에 머물지 않게 했다. 그들은 이웃을 섬기고 불신자를 만나고 복음을 전하는 모든 사역을 주중 소그룹을 통해 이뤄지게 했다. 일주일 내내 제공되는 다양한 소그룹 모임은 성도들이 진정한 공동체를 경험하는 모판이 될 뿐 아니라 세상에 복음을 전하는 창구가 되었다. 전통 교회들이 가지고 있는 천편일률적 소그룹 모임이 아니라 각자 삶의 자리에서 자신의 은사와 관심사를 중심으로 누구나 만들 수 있고 참여할 수 있는 열린 구조를 통해 성도들이 창의적으로 사역할 수 있는 문화를 제공했다. 소비자가 아닌 그리스도의 제자로서 성도들은 내부적으로는 하나님을 경험하고, 공동체적으로 서로 사랑하며, 세상을 향한 섬김과 봉사를 실천할 수 있는 교회가 되었다.

동시에 교회는 전도되어져 온 불신자들이 영적 경험을 할 수 있도록 최고의 노력을 기울였다. 예배는 그중에서도 핵심이다. 불신자가 와도 거부감이 없도록 예배를 디자인하고 세팅했다. 설교 역시 성도들의 삶과 밀착된 내용이 주를 이루었다. 작은 불빛, 문구 하나, 배경과 소품 모든 것에 철학을 담았다.

사역자들의 관계 또한 달라졌다. 이스트사이드교회는 철저한 팀 사역을 통해 서로 연결되고 협력한다. 교회의 모든 사역은 1년이 아닌 6개월 단위로 기획되고 진행된다. 첫 6개월을 평가하고 다음 6개월을 준비하는 사이클을 통해 빠르고 기민하게 움직이며 반응하는 시스템을 만들었다. 사역자들은 수평적인 관계 속에서 함께 고민하고 협력한다. 그러자 사역자들이 시너지를 만들어 냈다. 용기 있는 장로 그룹, 능력과 재능을 갖춘 스태프들, 강력한 비전에 동화되어 자발적으로 참여하는 성도들의 헌신이 맞물리면서 교회는 젊고 활기차고 살아있는 공동체로 변했다. 교회의 심장이 뛰고 생명이 약동하기 시작했다. 그러자 영적 갈망을 가진 수많은 사람이 그리스도 앞에 돌아와 변화되는 일이 발생했고 그 사역은 현재도 진행 중이다.

진단과 대응[84)]

정체된 교회 혹은 죽어가는 교회에도 소망이 있을까? 이 세상의 모든 교회는 부흥과 성장을 갈망한다. 그렇지만 실상은 현실에 대한 분명한 인식을 가지고 자기 자신의 상태를 있는 그대로 대면하지 못하는 경우가 허다하다. 죽음을 목전에 두고 있음에도 과거를 답습하고 있는 교회도 많다. 내면은 병들어 가고 있는데, 겉으로 드러나는 지표를 보고 애써 문제를 외면하는 교회도 많다. 한 시대를 풍미했던 교회일수록, 오랜 전통과 존경을 받았던 교회일수록, 과거의 영광에 사로잡혀 현실을 외면하기 쉽다. 갱신을 원한다면 교회 공동체의 상태를 진단하고 새로운 변화를 향한 변혁과 혁신을 시도하라.

톰 레이너는 지역교회에 대한 광범위한 연구를 통해 교회의 상태를 다음의 네 가지 상태로 분류했다.

건강한 교회: 10%

병든 교회: 40%

심각하게 병든 교회: 40%

죽어가고 있는 교회: 10%[85]

안타깝게도 건강한 교회라 부를 수 있는 교회가 많지 않다. 대부분의
교회는 병에 걸렸거나 심각하거나 혹은 죽음 직전에 놓여 있다. 그것이 현
실이다. 매년 보고되는 교세 보고서를 참조하지 않더라도 교회의 미래가
얼마나 암울한지 우리는 매일 피부로 느끼며 산다. 좋았던 시절은 끝났다.
그것도 아주 급속하게….

병든 교회의 특징과 처방

그렇다면 병든 교회는 어떤 특징을 지닐까? 숫자가 모든 것을 대변해
주지 않지만 현실을 가장 직관적으로 보기 위한 지표가 됨도 무시할 수 없
다. 레이너의 조언을 참조해 교회의 건강성을 가늠해 보고 이에 대한 대응
원리를 찾아보자.

● **지난 5년간의 예배 참석자 수를 확인하라.** 이와 더불어 지역의 인구

성장률 대비 출석률을 대조해 보라. 교인 숫자가 줄고 있거나, 인구
성장률 대비 교회 성장이 느리다면 이 역시 교회가 병든 것은 아닌지
의심하고 확인해야 한다.

● **사역과 프로그램이 어디를 향해 있는지를 확인하라.** 병든 교회일수
록 프로그램과 사역이 내부에 있는 교인들에게 집중되는 현상을 보
인다.

● **사역의 초점이 진정한 예수의 제자를 만들어 내는 데 집중되어 있는
지 확인하라.** 병든 교회일수록 그리스도의 제자를 만들기 위한 분명
한 계획과 과정을 가지고 있지 않는 경우가 많다. 제자훈련을 하고
있어도 온전한 실천이 이뤄지지 않는 경우가 많다.

● **교회 내에서 실시되고 있는 프로그램의 목적과 가치를 점검하라.** 대
부분의 교회들은 많은 프로그램과 사역들로 인해 분주하고 바쁘다.
그렇지만 왜 이 사역을 해야 하는지, 이 프로그램이 하나님 나라의
비전과 선교를 위해 꼭 필요한 사역인지에 대한 의미와 본질이 희석
될 때가 많다. 그저 이제까지 해왔기 때문에 반복하는 경우가 얼마나
많은지 모른다. [86)]

이에 대한 처방은 다음과 같다.

● **기도하라.** 하나님께서 리더들과 멤버들의 눈을 여셔서 교회가 하나님의 선교가 진행되고 있는 현장에, 즉 교회가 속해 있는 지역 공동체와 세상을 향해 나아갈 수 있는 영적 눈이 열려야 한다.

● **사역의 방향과 시간을 측정하라.** 병든 교회의 경우 리더들과 성도들은 대부분의 시간을 교회 내부 사역과 본인이 참여하고 있는 일을 위해 사용한다. 더 많은 부분을 교회 밖 세상을 향한 사역에 관심을 기울여야 한다. 내부 중심에서 외부 중심으로, 성도들의 필요를 채우는 사역에서 복음이 필요한 사람들과 불신자들을 향해 관심과 시간을 들일 수 있도록 자극하고 이끌어야 한다.

● **재정 사용을 확인하라.** 교회가 병들어 가면 재정 역시 자신과 내부를 위해 사용될 확률이 높다. 따라서 지역사회와 세계 선교를 위한 재정 사역에 인색해진다. 하나님 나라와 복음전파를 위한 사역에 우선순위를 두고, 이를 실현하기 위한 재정을 따로 확보해야 한다. 이러한 원칙은 재정이 충분치 않을 때도 마찬가지다. 우리의 헌신은 하나님 나라를 위해 고정되어야 한다. 그리고 그 헌신은 물질을 통해 먼저

증명되어야 한다.

- **지역 공동체를 복음화하고 목회하기 위한 세밀한 전략을 세워라.** 교회가 건강해지기 위해서는 교회 본연의 사역과 부르심에 집중할 수 있어야 한다. 내부적으로 성도들을 그리스도의 제자로 세워 세상 속에서 선교사로 살아갈 수 있도록 훈련하며, 전략적으로 어떻게 지역을 섬기고 믿지 않는 사람들을 복음으로 초청할 수 있을지, 그들을 어떻게 제자 삼는 제자로 세워갈 수 있을지를 고민하고 실천하라.[87]

심각한 병에 걸린 교회의 특징과 처방

심각한 병은 하루아침에 걸리지 않는다. 병을 오랜 시간 동안 방치했을 때 나타난 결과다. 중병에 걸린 환자를 쉽게 고칠 수 없듯이, 오랜 질환에 앓아온 병든 교회를 회복시키는 것 또한 어렵다. 먼저 중병에 걸린 교회의 증상을 확인해 보자.

- **지난 10~20년간 심각한 수적 감소를 경험하고 있다.**

- **장기간에 걸쳐 분위기가 냉담하다.** 때때로 심각한 갈증이 발생하기

도 한다. 오랜 시간 동안 교회가 하나 되지 못하고 분열과 갈등, 차별이 존재한다.

● **지역사회에서 교회의 존재감이 거의 느껴지지 않는다.** 사람들에게 어떤 선한 영향력을 미치지도 못하며, 주민들도 이 교회의 존재를 인식하지 못한다. 지극히 소수의 사람만이 교회에 대해 안다.

● **새신자가 거의 없다.** 유입되는 사람보다 교회를 떠나는 사람이 더 많다.

● **목회자의 재임 기간이 짧고 자주 바뀐다.** 갈등과 좌절로 인해 목회자가 안정적으로 오래 사역할 수 있는 분위기가 제공되지 못한다.

● **교회의 전성기가 20년 전, 혹은 그 이상이었다고 기억한다.** 우리 교회가 최근에 언제 좋았는지를 기억하기 어려울 때, 혹은 과거의 특정 기간만을 그리워할 때 교회의 상태는 이미 심각한 중병에 걸린 상황이다.[88]

레이너는 위 6개 항목 중 3개 이상의 항목과 겹친다면 교회가 중병에 걸린 것이라고 말한다. 이렇게 심각한 상태에서 교회는 어떻게 반응해야 할 것인가?

- **변화에 대한 절실한 필요를 인정하고 고백하라.** 사실상 교회가 이 단계까지 왔다면 다음은 죽음의 단계다. 현실을 인식하고 절박하게 변화를 향해 나아갈 의지를 가져야 한다. 많은 경우 중증에 빠진 교회일수록 성도들이 교회의 미래에 무관심할 때가 많다. 갈등과 분열, 혹은 무기력증에 빠져 의지를 상실한 경우가 많기 때문이다. 리더는 공동체가 어떻게 현실을 직시하고 변화를 갈망할 수 있을지 고민하고 이에 대한 인식과 자극을 할 수 있는 방안을 찾아야 한다.

- **영적 부흥을 위해 기도하라.** 기도의 영성은 모든 사역의 기본이지만, 이 단계에서의 기도는 더욱 중요하다. 변화와 부흥은 사람의 힘이 아닌 성령의 능력을 통해서만 일어날 수 있다. 마른 뼈도 살아날 수 있게 하는 성령의 능력을 의지하고, 새로운 부흥과 회개가 발생해 교회가 하나님의 능력 아래 다시 새로워질 수 있도록 기도에 힘써야 한다.

- **급진적 변화를 기꺼이 받아들이라.** 중병에 걸릴 때까지 움직이지 않

던 교회가 하루아침에 변화하는 것은 불가능하다. 몇 가지 차원의 단순한 조치를 통해 건강해지는 것도 어렵다. 아마 이 단계에 있는 교회는 새로운 도전이나 시도, 노력과 협력이 힘든 상황일 확률이 높다. 이 단계에서는 자극을 넘어 파괴적 혁신이 필요하다. 본질에 기초한 급진적 개혁 없이 미래는 없다는 생각을 품고 최선의 노력을 기울여 보자.

● **변화는 반드시 행동으로 이어져야 하고 그 초점은 내부가 아닌 외부에 맞춰져야 한다.** 교회를 급진적 변화로 이끌 수 있는 원동력은 본질적 개혁밖에는 없다. 하나님 나라를 향해 초점을 맞추라. 예수님께서 의도하셨던 교회가 되기 위해 해야 할 것과 할 수 있는 것을 찾고 실행하라. 믿음의 반응을 할 수 있도록 동기를 부여하고 사역의 기회를 붙잡으라. 그리스도께서 세상을 위해 보냄을 받은 것처럼, 우리를 세상으로 보내시는 성령님의 역사에 동참하려 할 때, 교회는 새로운 사명 공동체로 거듭날 수 있다.[89)]

죽음에 이르게 된 교회의 반응

마지막으로 죽음을 피할 수 없게 된 교회는 어떻게 반응해야 할까? 레이너는 죽음을 피하지 말고 받아들이되 존엄성을 지닌 채 마치는 방식을 채택하라고 조언한다. 하나님 나라를 위해 현존하는 교회와 지역 공동체를 돕고 사라지는 것이다. 혹 교회 재산과 빌딩이 있다면 그것을 다른 교회나 단체, 지역사회에 기부하거나 더 건강한 교회와 합병하는 안도 하나의 방법이다.[90]

존엄한 죽음도 반드시 필요하다. 마지막까지 자신의 몸을 불태워 빛을 발하는 불꽃처럼 하나님 나라를 위해 자신의 모든 것을 내어 주는 교회도 있어야 한다. 그러나 우리가 이러한 고민을 하는 이유는 가능성이 있을 때, 변화를 위한 갱신을 통해 교회가 새로워지기 위해서다. 포기하지 말고 오늘과 다른 미래를 준비하자.

물론 모든 교회가 이스트사이드교회처럼 극적인 변화를 이룰 수는 없을 것이다. 그들에게는 적어도 가용할 수 있는 인적·물적 자원이 남아 있지 않았느냐 반문할 수도 있다. 그러나 기적은 불가능한 곳에서 발생한다. 모두가 안 된다고 생각하는 그곳에서 발생한다. 그것이 하나님께서 해오셨던 방식이었다. 척박한 땅, 힘없고 무시 받는 사람들, 신앙적 자유조차 보장되지 않는 곳에서 하나님의 역사는 진행되어 왔다. 그리고 그 모든 곳에는 불가능을 뚫고 믿음으로 반응하는 사람들이 있었다. 내 힘이 아니라 하나님의 힘을 의지하고, 희망과 소망을 품었던 믿음의 사람들이 기적의 통로가 됐다. 지금 이 시대… 이러한 부흥과 갱신이 왜 불가능하다고 생각하는가. 그 생각을 바꾸는 지점이 변화의 근원지가 된다.

변화를 위한 과정

현실적인 차원에서 교회를 새롭게 하기 위해 리더에게 필요한 자질은 무엇일까? 단순화시키면 (1) 변화된 교회에 대한 꿈을 꾸는 일과 (2) 이를 현실화시킬 수 있도록 동력화하는 일이다.

그렇다면 구체적으로 어떻게 변화를 이끌 것인가? 교회의 구조와 사역이 갱신되기 위해서는 다음과 같은 흐름을 거쳐야 한다.

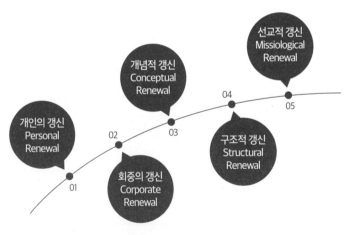

<그림3 : 갱신의 단계>

Re_think Church

가장 먼저는 (1) 변화의 주체가 되는 한 사람, 혹은 소수의 사람들의 갱신이 있어야 한다. 현실적으로 교회 사역을 이끄는 목회자, 특히 담임목사의 인식 전환이 가장 중요하다. 그다음은 (2) 갱신이 회중으로 흘러가는 단계다. 설교, 교육, 훈련, 특별 프로그램 등을 통해 회중이 같은 방향을 보고 전환을 이룰 수 있도록 이끌어야 한다. 이러한 과정을 통해 교회는 자신의 존재이유와 사역에 대한 (3) 개념적 갱신을 이룰 수 있다. 그다음은 이를 실현시키기 위해 (4) 구조와 사역을 갱신하는 일이다. 현존하는 구조를 그대로 유지하면서 새로운 교회를 꿈꾸는 것은 불가능하다. 시대에 맞게 스스로를 변화시켜야 한다. 이를 위해서 요구되는 구조와 시스템을 구축해야 한다. 그러나 오해하지 말라. 지금 현존하는 사역 구조에 또 다른 사역을 얹으려는 생각은 반드시 실패할 수밖에 없다. 어떻게 하면 교회와 사역을 단순화시킬까를 고민하고 본질에만 집중할 수 있는 구조를 만들어야 한다.[91] 마지막은 (5) 선교적 갱신이다. 교회가 사명 공동체로서 하나님의 선교에 참여하기 위해 우리의 부르심과 자원, 은사를 어떻게 사용할지를 분별하고 집중하는 곳으로 나가야 한다.

Think points

- 나는 변화의 주체로서 분명한 목회 철학과 비전을 소유하고 있는가?
- 회중의 변화를 이루기 위해 모든 역량과 노력, 시간, 자원을 동원해

동일한 비전을 소유하는 사명 공동체를 만들고 있는가?

• 교회의 구조와 사역이 사명을 이루는 구조로 형성되어 있는가? 우리 교회는 방만한 사역 구조를 가지고 있는가? 아니면 집중된 심플한 구조를 가지고 있는가?

• 교회의 존재 이유와 사역, 성도들의 삶이 하나님의 나라와 선교에 참여하는 데 집중하고 있는가?

비전, 계획, 실천

이스트사이드교회의 이야기에서 본 것처럼, 많은 경우 교회의 혁신은 한 사람의 등장과 함께 시작된다. 비전을 가진 한 사람, 그는 모든 사람들이 불가능하다고 말할 때 가능하다고 말한다. 안 된다고 말할 때 된다고 말한다. 남들이 못 보는 것을 보고, 듣지 못하는 것을 들으며, 하나님의 생각을 품고 그분의 꿈을 꾼다.

비전은 그렇게 중요하다. 그러나 아무리 멋있고 이상적 꿈을 품고 있다 할지라도 생각만으로는 변화가 발생하지 않는다. 비전이 현실화될 수 있는 과정이 필요하다. 다음의 그림을 보자.

꿈(dream) >> 계획(planning) >> 실천(doing)

비전과 실천 사이에 필요한 항목이 있다. 그것은 바로 계획(planning)이다. 그렇다면 그 계획에 담겨야 할 기본원리는 무엇일까? 적어도 다음 세 가지 사항이 골자로 세워져야 한다.

<그림4 : 활력을 위한 계획>[92)]

첫 번째, 꿈과 비전은 미래지향적이어야 한다. 하나님은 선지자 이사야를 통해 "너희는 이전 일을 기억하지 말며 옛날 일을 생각하지 말라"(사 43:18)고 말씀하셨다. 하나님은 과거에 머무시는 분이 아니라 미래를 계획하시고 변화를 이끄시는 분이시다. 그분이 말씀하신다. "보라 내가 새 일을 행하리니 이제 나타낼 것이라 너희가 그것을 알지 못하겠느냐"(사 43:19) 새 일을 행하실 하나님께서 바로 뒤이어 다음과 같이 말씀하신다.

'반드시'

내가 광야에 길을 사막에 강을 내리니(43:19)

사막에는 없는 게 있다. 길과 강이다. 하나님께서는 전혀 불가능해 보이는 것을 가능하시다고 말씀하신다. 모든 것이 사라진 것 같은 상황 속에서 그 분은 **"있다"**고 말씀하신다. 에스겔에게 보여 주신 환상을 기억해 보자. 죽어 말라비틀어진 뼈들로 가득찬 골짜기 안에서 하나님은 물으신다. **"인자야 이 뼈들이 능히 살 수 있겠느냐"** 절망의 골짜기에서 하신 말씀이다.

너희 위에 힘줄을 두고 살을 입히고 가죽으로 덮고 **너희 속에 생기를 넣으리니 너희가 살아나리라**(겔 37:6)

교회가 침체되고 움직이지 않는 근본적인 이유는 교회 전체가 하나님 나라의 꿈을 상실했기 때문이다. 리더는 꿈을 꾸어야 한다. 마른 뼈들이 살아나는 꿈, 교회 공동체가 하나님의 생기로 새로운 생명력을 갖는 꿈, 젊은이들이 하나님 나라의 비전을 품고 삶을 헌신하고 세상을 변화시키고 하나님 나라를 이뤄가는 미래를 꿈꿔야 한다. 과거에서 미래로…. 과거의 한계와 절망을 털어버리고 내일을 향한 계획을 세워야 한다.

두 번째는 그 꿈을 개인적 차원에서 공동체적 차원으로 확산시켜야 한다. 나아가 그렇게 확산된 비전을 구체화할 수 있는 시스템을 만들어야 한다. 꿈꾸는 것은 쉽다. 그러나 꿈을 시스템으로 담아내는 것은 어렵다. 리더는 소수에서 전체로 꿈과 비전을 확산시키고, 그 비전에 동참하는 사람들의 아이디어와 자원을 담아낼 수 있도록 하기 위한 계획을 세워야 한다. 예수님은 하나님 나라의 꿈을 이루기 위해 열두제자를 선택하셨고, 소수 중심의 제자화 사역에 집중하셨다. 제자가 제자를 만드는 재생산의 원리를 통해 세계 선교의 비전을 이뤄가셨다. 당시 제자들은 그 누구도 그분의 전략과 계획을 알지 못했다. 그러나 그분은 한 사람 한 사람 제자를 선택하시고, 그들과 거하시며 말씀하시고 가르치시면서 복음이 세상을 변화시킬 그날을 앞서 보고 계셨다.

이스트사이드교회의 진 아펠은 어떤가? 그는 현대화된 방식으로 계획을 세우고 이를 실천했다. 오래된 교회를 재가동하기 위해 사역과 조직을 단순화시켰고, 소그룹 중심의 교회가 되도록 시스템을 변화시켰다. 성도들이 주체가 되어 교회 밖 불신자를 만나고 전도와 선교의 삶을 살 수 있도록 지원했다. 1년 주기로 계획하고 평가하는 전형적 방식을 과감히 포기하고, 6개월 단위로 사역 사이클을 만들고 더 기민하게 움직일 수 있도록 모든 방식을 바꿨다. 여기 리더가 고민해야 할 과제가 있다.

- 어떻게 우리 교회 안에 꿈꾸는 자들을 더 많이 만들어 낼 것인가.
- 어떻게 그들이 같은 꿈을 가지고 함께 나아가게 할 것인가.

세 번째는 성도들에게 더 많은 프로그램과 서비스를 제공하는 교회에서 자신의 은사와 자원을 통해 하나님 나라를 위해 살 수 있도록 하는 데 초점을 맞추는 일이다. 언제부턴가 소비주의가 지배하는 문화 속에서 교회 역시 세속화의 흐름에 편승하는 일들이 자연스러워졌다. 성도들은 서비스를 원하고 교회는 서비스를 제공하는 기관이 되어 버렸다. 그러나 그 결과는 참담하다. 종교가 상품화되어 가는 과정 속에서 교회는 세상에서 가장 매력적이지 못한 종교로 전락해 버렸다.[90] 성도들이 원하는 것뿐 아니라 교회 밖 사람들이 원하는 것 또한 마찬가지다. 그것은 교회가 교회다워지는 것이다. 교회가 본연의 사명에 집중할 때 교회 됨의 능력 또한 나타나게 된다. 예배가 예배다워지고, 사역이 사역다워질 수 있어야 한다. 그것을 위해 우리는 성도들의 삶이 하나님 나라와 선교를 위해 쓰임 받을 수 있도록 길을 제시하고 이에 따른 훈련과 은사를 개발시켜 주어야 한다. 서비스를 위한 고민과 계획이 아닌 성도들이 자발적으로 하나님 나라를 위해 살 수 있도록 하는 데 교회의 역량이 집중되어야 한다.

꿈과 비전이 현실화되기 위한 계획을 세울 때 기반이 되어야 할 것이 있다. 실제 사역이 이루어질 현장에 대한 이해와 교회가 가진 자원을 파악하는 일이다. 교회 공동체가 세워진 장소가 일차적으로 보냄 받은 장소임을 기억한다면 교회와 교류하며 호흡하는 지역 공동체의 필요를 파악하는 일은 얼마나 중요한 일인지 아는 것은 어렵지 않다. 지역사회에 어떤 사람들이 살고 있는지, 그들의 연령과 세대, 가정 구성원의 특징, 경제 문화적 상황 등은 어떠한지를 파악하자. 또한 지역에서 이미 활동하고 있는 단체들과 내용을 파악하고 실제 이웃 주민들이 필요로 하는 것들이 무엇인지를 이해하는 것도 도움이 된다. 이와 더불어 교회 구성원들이 지닌 자원과 은사, 열정이 어디를 향해 있는지를 파악해야 한다. 복음으로 보냄 받은 성도들이 세상을 변화시키기 위해 해야 할 일과 할 수 있는 일, 또한 기쁨으로 감당할 수 있는 일 등을 세분화시킬 수 있다면 훨씬 더 구체적인 계획을 세울 수 있을 것이다.

하나님의 역사는 어떻게 이루어지는가! 예수님께서는 '새 포도주는 새 부대에'(막 2:22) 담아야 한다고 말씀하셨다. 새 포도주는 언제나 운동력과 확장성이 있다. 오래된 가죽 부대에 담아 놓으면 부대가 터져 버리는 일이 발생한다. 당연히 새 포도주를 담기 위해서는 유연성과 확장성을 가진 새 가죽 부대가 필요하다. 교회의 갱신을 향한 길도 마찬가지다. 교회는 하나님께서 주신 새로운 꿈을 꾸어야 한다. 새 시대에 대한 열망을 가져야 한다. 과거에 머물러서는 안 된다. 그러나 그것이 한 개인의 생각을 넘어 공동체 내에서 실현될 수 있도록 생각하고 치밀하게 준비해야 한다. 비전이 계획이 되고, 그것이 실제 사역으로 이어질 수 있도록 최고의 노력을 기울여야 한다. 그리고 그 무엇보다 이것을 담아낼 수 있는 새로운 부대를 준비해야 한다. 과거의 관습과 습관에 매여 있던 자리에서 새로운 상상력과

도전이 발생할 수 있도록 교회의 체질을 바꾸고 문화를 변화시키는 노력

을 시작하자.

갱신의 단계를 파악하고 적용할 수 있어야 한다

교회의 구조와 사역이 갱신되기 위해서는 첫째, 변화의 주체가 되는 한사람, 혹은 소수의 사람들의 갱신이 있어야 한다. 둘째, 갱신이 회중으로 흘러들어 가도록 설교, 교육, 훈련 등의 방향 전환이 필요하다. 셋째, 개념적 갱신을 이루며 넷째, 구조와 사역을 갱신해야 한다. 시대에 맞게 스스로를 변화시키기 위해 이를 위해 요구되는 구조와 시스템을 구축해야 한다. 마지막 다섯째는 선교적 갱신이다. 교회가 사명 공동체로서 하나님의 선교에 참여하기 위해 우리의 부르심과 자원, 은사를 어떻게 사용할지를 분별하고, 집중하는 곳으로 나가야 한다.

하나님께서 역사를 이루어 가시도록 새 부대를 준비해야 한다

교회는 하나님께서 주신 새로운 꿈을 꾸며, 새 시대에 대한 열망을 가져야 한다. 과거에 머물러서는 안 된다. 그러나 가장 중요한 포인트는 그 열망과 비전이 공동체의 것이 되고, 실현될 수 있도록 구체적으로 생각하고 치밀하게 준비해야 한다. 그것은 곧 비전이 구체적인 계획이 되고, 그것이 실제 사역으로 이어질 수 있도록 최고의 노력을 기울이는 것으로 이어진다. 무엇보다 과거의 관습과 습관에 매여 있던 자리에서 새로운 상상력과 도전이 발생할 수 있도록 교회의 체질을 바꾸고 문화를 변화시키는 노력을 시작하자.

선교적 상상력과
새로운 교회
Missional Imagination

intro

다원주의 시대를 맞이한 교회는 큰 도전 앞에 놓여 있다. 가
장 먼저 오랫동안 기독교 중심의 사고와 사역으로 체질화된
관성에서 벗어나야 하며, 세상 속에서 어떻게 복음의 진리를
증거하고 선교하는 공동체가 되어야 하는지에 대한 과제를
안고 있다. 새로운 시대, 교회는 어떻게 새롭게 태어나야 하
는지 12장에서 살펴보도록 하자.

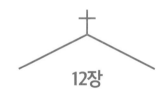

12장

선교적 상상력과
새로운 교회
Missional Imagination

꿈이 계획이 되고, 계획이 실현되는 교회의 모습은 어떠할까? 필자는
이 시대의 북미 교회를 연구하면서 사역의 중심축이 바뀌고 있음을 확인
할 수 있었다. 물론 그것은 현시대를 선교적 상황으로 인식하고 진지하게
대하는 열린 공동체들로부터 확인한 내용이다. 먼저, 교회 사역의 중심축
을 옮기게 한 배경을 살펴보자. 마이클 프로스트(Michael Frost)와 앨런 허쉬
(Alan Hirsch)의 분석에 근거해 우리는 다음과 같은 그림을 그릴 수 있다.

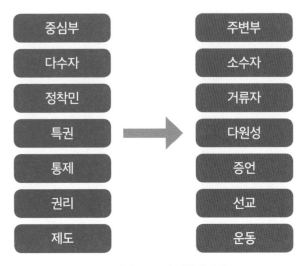

중심부		주변부
다수자		소수자
정착민		거류자
특권	→	다원성
통제		증언
권리		선교
제도		운동

<그림5 : 탈기독교국가 상황의 전환>

다원주의 시대의 서구 교회는 더 이상 사회의 중심부에 있지 아니하고, 다수자도 정착민도 아니다. 당연히 이전에 누리던 특권과 권리, 통제력을 상실했다. 사회를 지탱하던 제도적 기능을 잃은 교회는 소수자와 거류자 의 위치에서 시대 변화에 맞선 대응을 해야 한다.[94] 이 때문에 선결적으로 요구되는 질문들이 있다.

● 오랫동안 교회 기독교 중심의 사고와 사역으로 체질화된 교회의 관성에서 어떻게 벗어날 것인가.

● 세속화된 세상 속에서 교회는 어떻게 복음의 진리를 증거하고 선교

하는 공동체가 될 것인가.

● 어떻게 하나님 나라 운동에 동참하며 세계 선교의 사명을 감당할 수 있을 것인가.

우리는 이와 같은 질문 앞에 정직하게 서야 한다.

새로운 교회를 향한 상상력

중요한 것은 이러한 상황 변화가 결코 기독교의 패배를 의미하는 것은 아니라는 점이다. 시대를 읽고, 그에 맞는 새로운 대응, 즉 창의적이고 혁신적인 사역과 방식이 필요하다는 점을 기억하자. 그런 점에서 다음과 같은 브라이언 맥라렌(Brian McLaren)의 말은 귀 기울여 들을 필요가 있다.

새로운 세계가 열리고 있다면 새로운 교회가 필요하다.

새로운 종교 그 자체가 아닌 신학을 위한 새로운 틀이,

새로운 성령이 아닌 새로운 영성이,

새로운 그리스도가 아닌 새로운 그리스도인이,

새로운 교파가 아닌 새로운 종류의 교회가 필요하다.[95]

새로운 시대의 새로운 교회는 어떠한 모습이어야 할까? 새로운 교회에 대한 상상은 단순히 지금보다 더 현대적이며 문화적인 틀을 갖자는 이야기가 아니다. 새로운 교회에 대한 상상은 특정 종파와 신학에 갇혀 있는 사역으로부터, 관습과 전통에 의해 형성된 습관으로부터, 제도와 시스템이라는 틀로부터 자유롭게 되는 지점에서부터 시작된다. 나아가 예수 그리스도께서 의도하셨고 원하셨던 교회의 사명을 시대에 맞게 이뤄가기 위한 모험과 실험을 전제로 한다.

오늘날 성도들이 지니고 있는 믿음의 반응을 돌이켜 보라. 과연 우리 교회 안에는 일상의 현장에서 역동적이며 선교적인 삶을 살아가고 있는 성도들의 비율이 얼마나 될까? 과연 얼마나 많은 성도들이 하나님 나라를 기대하며 예배에 참여하고 훈련을 받고 있을까? 과연 우리 교회에 출석하는 성도들은 세상 한복판에서 하나님의 선교에 참여하기 위한 그 유일한 목적과 사역을 실천하며 살아가고 있을까? 혹시 이 시대를 지배하고 있는 경제주의(economism)와 소비주의(consumerism)에 압도되어 세속적인 욕망의 전차를 따라 살아가고 있지는 않은가? 정말 우리 교회는 하나님 나라의 가치를 품고 그의 나라와 의를 추구하며 존재하는 공동체일까? 그리고 복음의 진리를 이 시대의 언어와 문화 안에서 풀어내는 도전과 모험을 하는 공동체일까?

기독교 철학자이며 20세기 최고 지성인이었던 프란시스 쉐퍼(Francis

Schaeffer)는 앞으로 다가올(이미 우리에게 다가온) 시대를 예견하며 미래의 교회 공동체는 시대에 맞서는 혁명가로서 살아야 함을 주장했다.

오늘날의 교회는 20~30년 전이 아닌 내일의 문제를 대비하고 그에 대해 이야기해야 한다. 왜냐하면 앞으로 교회는 지독한 시련 속에 고통받게 될 것이기 때문이다. 지난 몇 년 동안 교회의 위기를 느꼈다면, 앞으로 진정한 변화를 맞게 될 때 어떻게 해야 할지 진지하게 생각해 볼 일이다.

젊은 세대에게 보수적이 되라고 요구하는 일은 절대 하지 말아야 할 부당한 일이다. 기독교가 지향해야 하는 것은 보수가 아닌 개혁이다….

공정해지기를 원한다면, 젊은 세대에게 현상태에 맞서는 혁명가가 되라고 가르쳐야만 한다.[96]

당시에는 위협적으로 느껴질 수도 있었을 표현이지만, 오늘날에는 너무도 당연한 말처럼 들리는 이유는 무엇 때문일까? 그것은 아마도 교회가 마땅히 감행했어야 할 변화를 추구하지 못함으로 맞닥뜨리게 된 절박한 상황 때문일 것이다. 그렇다면 우리가 꿈꿔야 할 상상력과 모험은 어디를 향해야 할까?

첫째, 그것은 하나님 나라와 맞닿아 있어야 한다. 냉소적인 단계를 지나 적대적인 상황으로까지 치닫고 있는 사회적 환경 속에서 복음이 복음 되게 하기 위해 교회는 어떤 모습이 되어야 할 것인가. 하나님 나라의 가치를 가슴에 품기 위해 교회는 무엇을 가르치고, 훈련하고, 행하게 할 것인가.

둘째, 진정한 성도를 만드는 일과 연관되어야 한다. 살아계신 하나님을 온전히 믿고, 그리스도의 제자로서 그분의 사랑과 사명을 가슴에 품고 그렇게 살아가려는 성도들이 가득한 교회가 된다면 어떤 일이 발생할까. 그들이 모여서 드리는 예배와 교제는 어떤 모습일까. 그리고 교회는 그런 성도를 만들기 위해 무엇을 해야 할 것인가!

셋째, 진정한 그리스도의 제자들이 세상을 사랑하고 섬기기 위해 흩어지는 교회가 되어야 한다. 모이기만을 위해서 힘쓰는 것이 아니라 세상의 변화를 위해 나아가는 교회가 되기를 꿈꾸며, 세상 한복판에서 선교적 증인으로서 복음전파와 하나님 나라 회복을 위해 살아가는 성도들이 가득한 교회가 된다면 세상은 어떻게 바뀔까. 교회는 이러한 교인들을 만들기 위해 무엇을 하며, 어떻게 훈련하고, 어떠한 형식으로 보내야 할 것인가?

우리는 꿈을 꾼다. 모든 교인이 하나님의 사랑으로 충만하고 그리스도의 성품을 닮아가는 작은 예수들이 가득 찬 교회, 예수님의 말씀 안에서 성도들이 서로 사랑하고 그리스도께서 주신 선교의 사명을 품고 기도와 간구, 행함으로 세상 구석구석 흩어지는 꿈을 꾼다. 그 속에서 복음을 살아내고 그리스도의 주 되심을 드러내기 위한 증인으로서 살아가는 성도들이 세워지는 교회, 그들이 함께 연합하여 세상을 섬기고 믿지 않는 자들을 만나 그들의 친구가 되어주고 필요를 채워주며 보이지 않는 예수의 사랑을 가시적이고 체험적으로 전하기 위해 애쓰는 교회를 꿈꾼다. 그들로 인해 세상이 소망을 갖고 살만한 장소가 되는 꿈, 희망을 잃고 절망과 고통 속에 신음하던 자들이 복음의 공동체로 돌아와 회복되는 꿈, 세상이 다시 하나님을 보고 찾고 갈망함으로 여호와의 통치하심이 경험되어지는 일을 상상해 본다.

월터 브루그만(Walter Brueggemann)이 이야기한 것처럼, 우리에게는 예언자적 상상력이 필요하다. 절망과 파국의 상황에 있는 이스라엘 백성에게 살아있는 신앙과 생명력을 불어넣어 하나님을 갈망할 수 있도록 하는 예언자적 상상력과 대안의식이 필요하다. 그런 상상력을 통해서 교회는 대안적 공동체를 만들고 시대를 변화시키는 사명을 수행할 수 있어야 한다.[97]

그렇다. 새로운 교회는 새로운 상상력을 가진 공동체만이 이룰 수 있다. 새로운 가치가 새로운 존재를 낳고, 새로운 존재가 새로운 사역으로 이어지는 상상력, 그리고 그러한 교회가 되기 위해 버리고 바꿔야 할 것이 무엇인지를 고민하고 결단하는 교회가 되어야 한다. 변혁과 혁신을 이것을 실천하는 교회에서 발생하는 현상이다.

리더가 해야 할 일은 이것을 방해하는 장애물을 제거하는 일이다. 투자의 귀재라 불리는 워렌 버핏(Warren Buffet)은 변혁의 과정을 방해하는 세 가지 ABC가 있다고 말한다. 그것은 오만(Arrogance), 관료주의(Bureaucracy), 현실안주(Complacency)라는 유혹이다. 이 시대의 기업들은 혁신하거나 죽거나 양자택일의 길 가운데 놓여 있기에 지속적인 혁신과 개선만이 살아남는 유일한 길임을 잘 알고 있다.[98] 그렇기 때문에 아마존(Amazon) 같은 거대 기업도 끊임없이 자기 자신을 단순화하고 통합하고 자동화하는 과정을 반복한다.[99] 변화와 혁신을 넘어 자기 파괴를 감행하며 창조적 문화를 유지하려는 노력을 하고 있는 것이다.

그렇다면 교회는 어떤가? 우리에게도 그런 자기반성과 혁신이 있는가? 오로지 고객 가치 향상을 위해 파괴적 혁신을 감행하는 세상의 기업들에 비해, 교회는 관료주의에 물들어 현실에 안주하려는 관성이 강하지는 않은가? 복음에 대한 본질을 더욱 강화하되 시대에 맞는 사역을 하기 위한 혁신적 몸부림이 교회 내에 필요하다. 실패를 두려워하지 말고, 새로운 실험과 창의적 사역을 모험적으로 감행할 수 있는 실천적 공동체가 되어야 한다.

선교적 상상력의 구현

이렇게 세속화의 물결이 강하게 도전하는 시대에 성장하고 있는 교회들은 새로운 실험과 창의적 사역을 두려워하지 않는다. 시대와 상황을 선교적 안목으로 보면서 그에 맞는 사역을 형성해 나가자 중심축이 다음과 같이 바뀌는 것을 볼 수 있다.

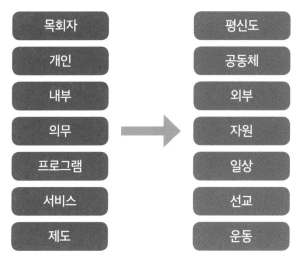

목회자	평신도
개인	공동체
내부	외부
의무	자원
프로그램	일상
서비스	선교
제도	운동

<그림6 : 중심축의 이동>

목회자에서 평신도로, 프로그램에서 일상의 삶으로, 개인에서 공동체로, 내부에서 외부로, 의무에서 자원으로, 서비스에서 선교로, 제도에서 운동으로 사역의 축이 움직인다. 교회가 하나의 모델에 고정되지 않고 시대에 맞는 사역을 함으로 복음이 증거되고 세상 한 모퉁이가 변화되는 역사를 보게 된다. 그렇다면 이 시대에 선교적 상상력을 가지고 하나님 나라를 위해 생동감 있게 사역하고 성장하며 영향력을 미치는 교회들은 신앙이 일상의 삶에서 어떻게 구현되도록 이끌고 있을까? 과연 우리는 어떻게 성도들이 주체가 되어 일상의 삶에서 선교적 삶을 살아내고 공동체적으로 접목할 수 있을까? 북미지역에서 선도적인 역할을 하고 있는 교회들을 통

해 발견된 사역 흐름과 특징을 살펴보자.

이원론적 영성에서 선교적 영성으로

오늘날 교회가 사람들의 비판을 받게 된 주원인은 사회적 공공성을 상실하고 선한 영향력을 잃어가고 있기 때문이다. 이는 실용주의에 민감한 교회가 직면할 수밖에 없었던 어두운 단면일 것이다. 이 시대 교회는 세상과 영적 세계를 분리하여 생각하는 이원론적 사고와 탈육신적 접근을 통해 성도의 영적 성숙을 개인적이며 추상적 영역으로 축소시키는 실수를 범해 왔다. 그러나 새롭고 젊은 교회들은 자신의 정체성을 세상 한복판에서 하나님의 부르심과 영광을 위해 살아가는 존재로서 인식한다. 자신이 있는 곳에서 하나님과의 친밀함을 이루고 그곳에서 하나님의 뜻을 실현해 가는 영성을 추구한다. 이를 통해 성도들은 하나님께서 세상을 사랑하신 것처럼 우리도 세상을 사랑하고, 잃어버린 영혼의 구원과 일그러진 세상의 회복을 위해 살고자 하는 소명을 회복한다. 하나님 나라에 대한 관점과 영성의 균형이 잡히자 교회는 자신의 사명을 이루기 위해 예배와 제자도, 공동체의 역할과 관계를 새롭게 조명하는 것이다.

Re_think Church

깊고 체험적이며 참여하는 예배로

성도의 영적 성장에서 예배가 차지하는 비중은 아무리 강조해도 지나치지 않다. 새롭게 부상하는 젊은 교회들은 예배가 다르다. 구도자 교회가 지향했던 가볍고 친근하며 문화적인 예배 대신, 그들은 깊고 신비하며 체험적인 예배를 드린다. 대부분 기성교회의 성도들은 수동적이며 소비자적인 모습을 보이지만 새롭게 부상하고 있는 젊은 교회의 성도들은 예배에 깊이 참여하고 반응하며 그 속에서 하나님의 임재하심을 경험한다.

이들은 쇼핑몰과 같은 교회를 원치 않는다. 더 깊이 주님을 만나고 성령의 임재 속에서 그분의 뜻에 반응하기 원한다. 이를 위해 하나님의 '임재'와 '반응'이라는 원리에 입각해 예배는 매우 간결하다. 찬양과 설교, 성찬과 교제, 파송과 같은 단순한 순서로 예배가 진행된다. 예배 시간도 길다. 어떤 교회는 설교가 1시간이 넘는 경우도 있다. 그러나 그 현장은 많은 젊은이들이 노트에 필기를 하고 말씀에 몰입하며 반응하는 모습으로 가득 차 있다. 예배의 심장이 뛴다. 심장이 운동력을 가지고 새롭고 신선한 피를 공급하면 교회와 성도들이 살아난다. 영적으로 잠자던 영혼들이 일어나 그리스도께 반응하는 일이 발생하는 것이다.

선교적 제자훈련으로

미국의 선교적 교회들은 한국 교회에 비해 단순하면서도 실천적인 훈련 과정을 가지고 있다. 전통적인 교회들은 다양한 성경공부와 제자훈련, 각종 예배 등 백화점식 사역을 한다. 매력적인 교회가 되어 성도들을 교회 내로 끌어 들인다. 반면에 젊은 교회들은 영적 성장을 위해 기본적이고 핵심적인 소수의 프로그램에 집중하는 경향이 강하다.

몇 가지 예를 들어 보자. 먼저 로스앤젤레스 다운타운에 있는 Tapestry LA교회의 경우다. 이 교회의 사역은 세 가지 골격으로 이루어져 있다: (1) 주일 예배, (2) 주중 소그룹, (3) 금요일 저녁 제자훈련. 가장 단순한 사역들을 통해서도 급성장을 이루며 건강한 교회로 자리매김하고 있는 이유는 무엇 때문일까? 그 비밀은 모든 사역이 긴밀히 연결되어 있다는 점이다. 목회자 팀에서 주제를 정하고 시리즈로 주일 말씀을 전하면, 이 말씀을 중심으로 주중 소그룹 모임이 이루어진다. 거기서는 더 깊은 차원의 말씀 연구와 토론이 이루어지고, 어떻게 자신의 삶에 적용할지를 묻는다. 교회는 이때 일상의 삶 속에서 실천할 수 있는 지침을 제공하고 구성원들은 한 주간 이를 적용해 본다. 금요일 모임에서는 소그룹 중심의 제자훈련이 시행된다. 2018년 한 해 동안에는 네 가지 주제로 제자훈련이 진행되었는데, 첫 번째는 '하나님을 경험하는 삶'(Experience God), 두 번째는 '알파'(Alpha), 세

번째는 '신앙과 직업'(Faith and Work), 네 번째는 '미션 퍼스펙티브'(Perspective) 이다. 이 모든 과정이 1년 안에 시즌별로 운영되며 초신자가 사역자의 수준으로 올라설 수 있도록 기획되어 있다. 이 훈련은 성도의 영성 형성 (spiritual formation)에 초점을 둔다. 하나님과의 관계를 정립한 후 삶의 자리에서 하나님과 동행하며 선교적인 삶을 사는 것이 어떻게 가능한지를 고민하게 만든다. 철저하게 현장 중심적 사고를 하게 만드는 것이다. 물론이외에도 교회는 필요에 따른 다양한 세미나를 제공한다. 그러나 이러한 프로그램조차도 일상에서의 영적 성장과 선교적 삶을 돕는 것을 목표로한다.

애틀랜타 조지아에 있는 페리미터교회(Perimeter Church) 역시 좋은 예이다. 이 교회는 성도들의 영적 성숙을 돕기 위해 '삶 대 삶 선교적 제자훈련'(Life on life missional discipleship)이라는 독특한 사역 모델을 만들었다. 본 제자훈련의 특이점은 모든 과정이 서로를 책임지는 소그룹 안에서 자격을 갖춘 후견인과 함께 이루어진다는 점이다. 일반적으로 많은 교회는 제자훈련을 학교 수업과 비슷하게 운영한다. 그러나 페리미터교회는 기본적으로 3년간의 여정을 함께하며 소그룹 안에서 모든 훈련이 가능하도록 구성했다.[100] 리더(후견인)는 소그룹 안에서 멤버 개인의 삶에 맞춰 훈련을 이끈다. 이렇게 양육된 제자는 교회 밖 지역사회로 보내지고 자비와 정의의 활동에 참여하게 된다.

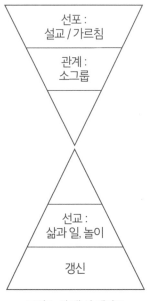

<그림7 : 삶 대 삶 제자도>

   그림에서 보듯 '삶 대 삶 제자도'는 설교와 가르침 중심의 선포적 제자
훈련과 교제 중심의 소그룹 모임에 선교와 양육을 결합한 형태다. 설교와
가르침을 통해 신학적 학습을 도모하고 소그룹에서 사랑의 관계를 경험할
뿐 아니라 세상 속에서 선교적 삶을 살아가도록 훈련한다.

   애틀랜타에 위치한 블루프린트교회(Blueprint Church) 역시 삶 대 삶 제자
도를 통해 영적 성숙을 추구한다. 그런데 이 교회의 삶 대 삶 제자도는 페
리미터교회와는 또 다르다. 담임목회자와 훈련된 리더들이 집을 오픈하고

5~6명의 사람을 초청해 약 3주간을 함께 지내면서 훈련을 한다. 리더의 삶을 투명하게 보여 주며 제자 삼는 사역을 하는데 놀랍게도 이 과정을 거친 많은 성도들이 같은 방식으로 제자 삼는 사역에 동참한다. 이후 훈련을 마친 성도들은 자연스럽게 소그룹 공동체로 연결된다. 거기서 그들은 삶을 나누고 서로를 지지할 뿐 아니라 함께 지역사회를 섬기며 복음을 전하는 사역으로 나아간다.

지역을 섬기는 선교 공동체로

새롭게 부상하는 젊은 교회들은 그들의 신앙 중심을 교회 내부에 국한하지 않고 교회 밖 세상으로 옮겨 놓았다. 한국처럼 새벽예배나 수요예배, 혹은 금요예배로 모이는 교회는 많지 않다. 그럼에도 불구하고 그들은 신앙인의 정체성을 지키며 성숙한 삶을 살아간다. 그 원동력은 바로 소그룹 공동체에 있다. 라이프 그룹, 저니 그룹, 셀 그룹, 미셔널 커뮤니티 등 소그룹을 부르는 명칭은 다양하지만 이들이 추구하는 성격과 목적은 매우 유사하다. 사실, 기성 교회의 소그룹은 성도의 교제와 구성원 관리에 초점이 있다. 그렇지만 새롭게 부상하는 젊은 교회들의 소그룹은 양육과 사역에 더 많은 중점을 둔다. 소그룹 모임을 통해 성도의 신앙 성장과 성숙을 유도하되 그룹원들이 함께 지역을 섬기고 복음을 증거하는 사역 또한 감당한다. 우리는 이러한 공동체를 선교적 공동체(Missional Community)라고 부른다.

이러한 교회에 있어 선교적 공동체는 작은 교회와 같다. 주일날 한 번 모이는 전체 모임보다 이들 공동체는 더 자주 만나 삶을 나누며, 이웃을 초청하고, 복음을 증거하며, 지역사회를 섬기는 사역을 감당한다. 실제로 세상을 향한 교회 사역의 상당수는 선교적 공동체를 통해 이뤄지고 있다. 그런 관점에서 선교적 공동체는 신앙생활과 복음전파 사역의 허브(Hub) 역할을 한다. 새로운 교회에 젊은이들이 모여들고 영적 생기가 발생하는 이유 또한 여기에 있다. 많은 새로운 생명이 소그룹을 통해 잉태되기 때문이다. 그들에게 있어 신앙은 삶이고 삶은 곧 선교라는 인식이 형성되어 있다. 그들이 교회이고, 삶의 자리가 선교지라는 인식을 하고 있기 때문에, 하나님을 향한 사랑은 자연스럽게 세상을 향해 흘러간다.

그렇다면 이러한 모임을 가능하게 만드는 요소는 어디에 있을까? 왜 이들은 단순한 소그룹을 넘어 선교적 사역의 허브가 되고 있을까? 거기에는 자발성과 선교라는 두 가지 요소가 있기에 가능하다. 교회가 예수 중심의 신앙 공동체가 되자, 모든 구조와 사역은 예수께서 위임하신 선교 과업을 이루는 데 초점이 맞춰졌다. 모이는 교회에서 흩어지는 교회로 강조점을 옮기되, 훈련 받은 성도들을 함께 세상에 보낸다. 혼자서는 사명을 감당할 수 없기에 이들은 공동체로서 세상을 섬길 사역을 찾는다. 이러한 사역이 이루어지고 있는 교회들은 자발적 요소가 매우 강하다. 리더를 중심으로 소그룹이 형성되면, 성도들은 자신이 참여하고 싶은 소그룹에 자발적으로 지원한다. 같은 목적을 가지고 온 성도들이 모이기 때문에 교제와 선교 사역이 더 원활하게 이루어진다.

오렌지카운티에 있는 락하버교회(Rock Harbor Church)의 경우, 교회는 주중 소그룹 모임인 라이프그룹을 위해 아무런 자료도 제공하지 않는다. 그들은 단지 그룹을 이끌어 갈 리더를 훈련하고 세울 뿐이다. 리더를 중심으로 소그룹이 조성되면 그들은 기도 가운데 한 해의 커리큘럼과 사역을 자체적으로 결정한다. 이들을 통해 전도가 일어나고 캠퍼스 교회가 개척되며 지역사회가 변화하는 일들이 발생한다.

텍사스의 오스틴스톤커뮤니티교회(Austin Stone Community Church)의 경우, 교회는 공동체를 사회봉사 기관과 연결해 주는 역할을 한다. 그러한 기관들을 통해 도시의 필요를 찾고 소그룹들이 동참할 수 있도록 정보와 기회를 제공한다. 그러면 교회에 속한 수백 개의 선교적 공동체는 자신의 소명과 부르심에 따라 도시를 섬긴다.

시애틀의 소마커뮤니티(Soma Community)나 플로리다 탬파(Tampa)에서 발생한 언더그라운드(Underground) 네트워크의 경우는 기존 교회와 다른 모습을 띠고 있다. 이들은 초대교회의 소그룹 형태를 지향하며 복음전파와 제자화를 통해 지속적인 재생산을 이루어 간다. 실제로 기민성과 확장성이 대단하다. 오늘날 소마커뮤니티는 미국 20개 주에 1백여 개 이상의 커뮤니티로 성장했다. 언더그라운드 네트워크의 경우 자생적이며 유기적인 소그룹 구조를 가진 작은 공동체 교회(microchurches)가 플로리다 탬파에만 200여 개가 있다. 이들의 구조는 단순하지만 단단하다. 자신이 곧 교회라는 인식 속에서 주중에도 계속 연결되고 만남을 유지하면서 이웃을 섬기고 초청해 공동체적으로 복음을 전파한다. 가족과 선교사의 정체성을 가지고 위로는 하나님을 사랑하고(up), 내부적으로는 성도들과 하나 되고(in), 외부적으로 이웃을 섬기는(out) 사역을 한다.

이러한 예는 오늘날 새롭게 부상하고 있는 젊은 교회들에 있어서는 보편적인 현상이다. 그들은 이전보다 더 참여적이고 연결되며 공동체로서 살아가기 원한다. 하나님의 나라를 지식적 차원으로 아는 것에서 삶으로 살아내고 증명하기를 원한다. 하나님의 관심이 있는 교회 밖을 향해 나가고자 하는 다양한 노력을 기울이며 그들은 함께 성장하고 있다.

단순한 교회로

톰 레이너와 에릭 게이거(Eric Geiger)는 오늘날 미국에서 성장하고 있는 교회들에 대한 연구를 통해 교회가 본질에 집중하고 이를 실천하기 위한 단순한 사역 형태가 얼마나 중요한지를 보여 준다. 그러면서 단순한 교회

Re_think Church

가 가지고 있는 사역의 흐름을 다음과 같이 묘사한다.

> 명료함(Clarity) > 활동(Movement) > 조정(Alignment) > 집중(Fcous)

지도자와 교회는 성도들이 신앙생활을 해나가면서 어떠한 방향으로 성장해야 하는가에 대한 전체적인 그림을 가지고 있어야 한다. 이에 대한 명료한 전달과 소통(명료함), 성도들의 신앙 성장과 여정을 위해 만들어 놓은 프로그램들의 논리적 연결성(활동), 교회의 모든 조직과 사역이 같은 방향으로 나아갈 수 있도록 하는 사역적 정렬(조정), 이 과정에 포함되지 않을 것을 과감히 포기하고 버릴 수 있는 담대함과 헌신(집중)이 있어야 한다.[101]

사역의 집중과 선택을 하기 위해 교회는 다시 꿈을 꿔야 한다. 선교적 상상력을 가지고 교회 됨의 사명을 이룰 수 있는 꿈을 꿔야 한다. 그리고 그 꿈이 활성화되기 위해 성도 개인의 신앙과 교회 공동체의 성장을 도모하고, 이 모든 것이 하나님 나라의 회복과 성장으로 초점이 모아져야 한다. 선택과 집중을 위해 비본질적인 것을 버려야 한다. 성도가 성도 되게, 교회가 교회 되도록 하는 일에 역량을 집중하라. 교회 구성원 전체가 선교적 상상력을 가지고 헌신할 수 있도록, 새로운 모험의 길이 고귀하고 아름다울 수 있도록, 진정한 가치 위에 교회가 세워질 수 있도록 용기를 내어 나아가자.

새로운 교회로 나아가기 위한 전제는 무엇인가

새로운 시대의 새로운 교회는 어떤 모습이어야 할까? 새로운 교회에 대해 생각할 때, 주의해야 할 것이 있다. 새로운 교회에 대한 상상을 단순히 지금보다 더 현대적이며 문화적인 틀을 갖자는 이야기로 오해해서는 안 된다는 것이다. 새로운 교회는 특정 종파와 신학에 갇혀 있는 사역으로부터, 관습과 전통에 의해 형성된 습관으로부터, 제도와 시스템이라는 틀로부터 자유롭게 되는 지점에서부터 시작된다. 나아가 예수 그리스도께서 의도하셨고, 원하셨던 교회의 사명을 시대에 맞게 이루어 가기 위한 모험과 실험을 전제로 해야 한다.

단순한 사역이 본질에 집중하게 한다

사역의 집중과 선택을 하기 위해 교회는 다시 꿈을 꿔야 한다. 선교적 상상력을 가지고 교회 됨의 사명을 이룰 수 있는 꿈을 꿔야 한다. 그리고 그 꿈이 활성화되기 위해 성도 개인의 신앙과 교회 공동체의 성장을 도모하고, 이 모든 것이 하나님 나라의 회복과 성장으로 초점이 모아져야 한다. 선택과 집중을 위해 비본질적인 것을 버려야 한다. 성도가 성도 되게, 교회가 교회 되도록 하는 일에 역량을 집중하라. 교회 구성원 전체가 선교적 상상력을 가지고 헌신할 수 있도록, 새로운 모험의 길이 고귀하고 아름다울 수 있도록, 진정한 가치 위에 교회가 세워질 수 있도록 용기를 내어 나아가자.

다시 본질로

얼마 전, 세계적인 미래학자로 알려진 레너드 스윗(Leonard Sweet)을 만날 기회가 있었다. 수십 권의 저서를 통해 북미는 물론 한국 교계에도 신선한 충격과 자극을 주어왔던 인물을 만날 수 있다는 기대감만으로 나의 가슴은 뛰고 있었다. 오랜 기다림만큼 그를 만나러 가는 길 또한 쉽지 않았다. 정말 그랬다. 그를 만나러 가기 위해 나는 꼬박 하루를 투자해야만 했다. 로스앤젤레스에서 시애틀로 가는 비행기를 타기 위해 새벽별을 보고 나와 3시간에 걸친 비행과 2시간의 운전, 그리고 배를 타고 1시간을 더 간 후 비로소 그가 살고 있는 섬에 도달했다. 물론, 아직도 그의 집에 도착한 것은 아니었다. 시애틀 북단의 아름다운 섬 바다 앞에 위치한 그의 집에 가기 위해서는 어두워진 밤길 보슬비를 맞으며 30분을 더 이동해야 했다. 그의 집에 도착했을 때는 약속했던 저녁 7시가 살짝 지난 후였다. 그렇지만 따뜻한 환대 속에서 사모님께서 정성을 다해 준비하신 저녁 식사를 나누다 보니 어느덧 웃음꽃이 피었다. 이곳까지 오기 위해 거쳐야 했던 여러 경로가 대화를 여는 재료가 된 것 또한 감사했다. 이후 여러 질문을 통해 그가 평생 쌓아온 지혜의 문을 두드렸다. 어떤 삶을 살아왔는지, 삶의 굴곡과 어려움은 없었는지, 개인적인 사안부터 교회의 현재와 미래에 이르기까지… 평생을 새로운 문화 환경 속에서 교회 됨을 고민해 왔던 한 학자의 혜안과 안목을 배우는 시간은 참으로 풍성했다.

밤이 깊어가면서 만남을 마무리해야 할 때가 되었다. 준비해 온 20가지 항목 중 마지막 질문을 던졌다. 오늘날 교회는 어떻게 새로운 돌파구를 만들 수 있을 것인가? 우리는 어떻게 새로운 운동을 만들 수 있는가? 몇 년 동안 이 문제를 가지고 씨름해 오던 필자에게 이 시대 최고의 미래학자는 어떤 이야기를 들려주었을까? 기대를 가지고 기다리던 그의 대답은 이런 것들이었다.

"성경으로 돌아가라!"
"그들의 언어로, 그들의 문화로 읽으라!"
"성령 안에서 예수님을 재발견하라!"

Re_think Church

어쩌면 너무 평범한 대답이었다. 뭔가 새롭고 획기적인 이야기를 기다리고 있던 나에게 조금은 실망스러운 응답일 수도 있었다. 그러나 그의 대답은 나 자신을 되돌아보는 계기가 되었다. 나는 무엇을 찾고 있었나? 어떤 새로운 것을 찾아 헤맸나? 무엇을 보았고 무엇을 발견했나? 변혁과 혁신이라는 이름 아래 시도되어 왔던 많은 일들 가운데 교회의 심장을 두드리고 깨어 다시 뛰게 한 운동들은 어떠한 것이 있었나? 제한된 지식과 경험을 반추하면서 지금까지 발견한 것들을 재해석하기 시작했다.

　분명한 점은 변혁과 혁신은 그 뿌리가 불분명할 때 금세 생명력을 잃고 만다는 사실이었다. 이제까지 전 세계적으로 바람을 일으키며 사람들의 눈과 귀를 자극했던 사역들을 보라. 거기서 제시됐던 반짝이는 방법론과 우리를 현혹시키던 성공 사례들이 물거품처럼 사라지는 현상을 바라보며 우리는 무엇을 배워야 하는가. 너무나 많은 이들이 마치 꿈속의 요정과 함께 파랑새를 찾아 헤매듯 오늘날도 성공이라는 신기루를 좇아 나아간다. 그러나 아무리 노력해도 붙잡을 수 없는 파랑새로 인해 우리는 실망하고 또 좌절한다. 정작 파랑새는 자신의 새장 속에 있는 것도 모르고 말이다.

　오토 샤머(Otto Scharmer)와 카트린 카우퍼(Katrin Kaufer)는 『본질에서 답을 찾아라』는 책 서문에서 이렇게 말했다. "우리는 이미 혼란의 시대로 접어들었다. 그러나 어찌 보면 개인과 세계가 근본적인 변화를 꾀할 수 있는 가능성이 지금만큼 높은 때도 없었다. 현재는 우리에게 주어진 기회의 시간이다." 왜 그런가? 그들의 관점에 따르면 "혼란의 시점에는 소멸과 새로운 탄생"의 가능성이 공존하기 때문이다.[102] 이 말은 거대한 미래의 도전 속에 변화할 수밖에 없는 현실이 우리에게 즉각적인 두려움이 될 수도 있지만, 반대로 무언가를 다시 채워야 할 빈 공간을 제공하는 기회가 되기도 한다는 뜻이다.[103] 그런 차원에서 미래를 준비하는 자는 소멸될 것들에 집착해서는 안 된다. 과거의 낡은 것들로 빈 공간을 채우려 해서도, 과거 성공의 기억에 머물러서도 안 된다. 오직 현실을 직시하고 미래를 바라보아야 한다. 그러나 동시에 우리는 무엇으로 새로운 기회와 빈 공간을 채울 것인가를 고민해야 한다. 바로 여기에 우리가 기억해야 할 중요한 원리가 있다. 그것은 바로 **새로운 시작은 반드시 본질로부터 출발해야 한다**는 점이다.

새로운 갱신 운동의 현장을 연구하면서 발견한 것 또한 같은 맥락이었다. 교회가 일어나 회중을 깨우고 세상으로 나아가게 만드는 힘은 특정 프로그램이나 전략이 아니었다. 유명한 학자의 신학도 철학도 사상도 아니었다. 그것은 바로 '예수 그리스도'의 삶과 가르침을 따르는 일로부터 발생했다. 오늘날 사람들이 목말라하는 것이 바로 여기에 있다. 살아있는 예수와 그분이 전해 주신 하나님 나라의 복음, 그것에 의해 움직이고 그것에 의해 생명을 거는 교회와 공동체를 그들은 목말라한다. 인간의 지식과 이성이 곁들여진 얄팍한 진영 싸움이 아니라 시대를 초월해 구원의 능력을

Re_think Church

행하시는 하나님의 사랑과 그 본체이신 예수 그리스도, 그리고 오늘도 우리 가운데 거하시며 하나님의 현존을 증거하시는 성령의 능력을 그들은 사모한다.

복음 아래 뿌리를 내릴 수 있는가!
복음으로 자신을 보고 교회 공동체를 볼 수 있는가!
복음의 본질 위에서 다가올 미래를 바라보고 준비할 수 있는가!
우리의 부르심은 무엇 때문이며, 무엇을 위해 보내심을 받았는가!

부르심과 보내심의 본질은 성경 안에서만 찾을 수 있다. 그러므로 성경으로 돌아가야 한다. 그러나 그 반응은 각자 처한 상황에 따라 다르게 나타나야 한다. 각자의 언어와 문화 속에서 성경을 읽고 어떻게 응답해야 할지를 고민해야 한다. 나아가 성령께서 우리를 향해 이루고자 하시는 소명과 사명이 무엇인지를 찾고 그분의 이끄심에 반응해야 한다. 예수께서 보여 주신 그 길을 우리는 따라야 한다.

미래의 해답은 어디에 있는가?
본질에서 찾아야 한다.
그리고 그 본질을 상황에 적용할 수 있는 적응력이 답이다.

미래의 교회는 그런 면에서 본질적이며 창조적인 교회가 되어야 한다.

그러므로 교회여,

본질을 붙잡고 모험을 하는 상상력을 회복하라!

각주

1) Chris Zook and James Allen, 창업자 정신(*Founder's Mentality*), 안진환 역, (서울: 한경비피, 2016), 11.

2) 강민호, 변하는 것과 변하지 않는 것, (서울: 턴어라운드, 2018), 개정증보판, 47.

3) Simon Sinek, 나는 왜 이 일을 하는가?(*Start with Why*), 이영민 역, (서울: 타임비즈, 2013), 63-64.

4) Roland Berger, 4차 산업혁명 이미 와 있는 미래(*The Fourth Industrial Revolution*), 김정희, 조원영 역, (파주: 다산북스, 2017), 5.

5) 한석희 외, 4차 산업혁명 어떻게 시작할 것인가, (서울: 페이퍼로드, 2016), 4.

6) Scott Stossel, 나는 불안과 함께 살아간다, 홍한별 역, (서울: 반비, 2015), 5장을 참조하라.

7) Spencer Johnson, 누가 내 치즈를 옮겼을까?(*Who Moved My Cheese?*), 이영진 역, (서울: 진명출판사, 2000).

8) Mark A. Noll, *Turning Points: Decisive Moments in the History of Christianity*, 2nd ed. (Grand Rapids, MI: Baker Academic, 2000), 6장 참조.

9) 같은 책 117.

10) Will Durant, *Caesar and Christ*, (New York: Simon & Schuster, 1957), 618-619. 콘스탄틴 시대 기독교가 용인된 이후 그리스도인이 되는 것은 사회적으로 유리한 위치를 얻는 기회가 되었다. 특히 성직자들에게는 로마의 고위관리들이 누리는 영예 이상의 권세를 얻을 만큼 파격적인 대우가 이루어졌다.

11) Paul E. Pierson, 선교학적 관점에서 본 기독교 선교운동사(*The Dynamics of Christian Mission: History through a Missiological Perspective*), 임윤택 역, (서울: CLC, 2009), 16.

12) 위 이야기는 스탠리 하우어워스와 윌리엄 윌리몬의 글을 각색한 내용이다. Stanley Hauerwas & William H. Willimon, 하나님의 나그네 된 백성(*Resident Alien*), 김기철 역, (서울: 복있는 사람, 2008), 18-23.

13) Tony Johes, *The New Christians: Dispatches from the Emergent Frontier*. (San Francisco: Jossey-Bass, 2008), 4.

14) Jessica Martinez, "When God Left the Building' Film Director: The American Church Is Dying." The Christian Post, 2014. 7. 29. <http://www.christianpost.com/news/when-god-left-the-building-film-director-the-american-church-is-dying-124019/>

15) 정확한 이해를 위해서는 포스트모더너티(postmodernity)와 포스트모더니즘(postmodernism)을 구분해야 한다. 포스트모더너티(postmodernity)는 포스트모던이 진행되고 있는 시대를, 포스트모더니즘(postmodernism)은 이 기간에 형성된 사상적 경향의 총체를 의미한다.

16) Grace Davie, *Religion in Britain Since 1945: Believing Without Belonging*, (Oxford ; Cambridge, Mass. : Blackwell, 1994).

17) Dan Kimball, 시대를 리드하는 교회(*The Emerging Church*), 윤인숙 역, (서울: 이레서원, 2007), 91.

18) 같은 책, 92

19) 같은 책, 6장을 참조하라.

20) Marilyn Chandler McEntyre, 고흐를 만나다(*The Color of Light*), 문지혁 역, (서울: 가치창조, 2007), 10-11.

21) Skye Jethani, 하나님을 팝니다?(*The Divine Commodity*), 이대은 역, (서울: 조이선교회, 2011), 16.

22) 같은 책, 16-17.

23) 같은 책, 18.

24) Howard Schultz & Dori Johne Yang, 스타벅스, 커피 한 잔에 담긴 성공신화(*Put Your Heart into It*), (파주: 김영사, 1999), 276.

25) Douglas Atkin, *The Culting of Brands: When Customers Become True Believers*, (New York: Portfolio, 2004), xi.

26) Dave Gibbons, *Xealots: Defying the Gravity of Normality*, (Grand Rapids, MI: Zondervan, 2011), 48.

27) 이원규, 종교사회학의 이해, 개정판, (서울: 나남, 2006), 433-38.

28) Brian J. Walsh, 세상을 뒤집는 기독교(*Subversive Christianity*), 강봉재 역, (서울: 새물결 플러스, 2010), 32.

29) 처음 Handsome Coffee라는 자체 브랜드로 시작해 현재는 Blue Bottle Coffee와 합병을 했다.

30) Frank Viola & George Barna, 이교도에 물든 기독교(*Pagan Christianity*), 이남하 역, (서울: 대장간, 2011), 31.

31) Howard Snyder, 새 포도주는 새 부대에(*The Problem of Wineskins*), 2판. 이강천 역, (서울: 생명의 말씀사, 2006). 10.

32) 같은 책, 60-69.

33) 같은 책, 70.

34) Graydon F. Snyder, *Frist Corinthians: A Faith Community Commenrary*, (Macon GA: Mercer Univeristy Press, 1991), 3.

35) 성전이란 용어가 처음 사용된 것은 Alberti와 Palladiio가 로마의 신전을 연구한 이후 기독교 교회 건물을 성전(Temple)으로 지칭한 것이다. 기독교 신학자 중 교회 건물을 성전으로 부른 최초의 인물은 종교 개혁자 칼빈(Calvin)이었다. Frank Viola, 이교도에 물든 기독교, 66; J. G. Davies, *The Secular Use of Church Buildings*, (New York: The Seabury Press, 1968), 220-222.

36) 바이올라는 이러한 행위가 성인들의 무덤이 거룩한 공간으로 인식되었고, 그 위에 순교자들의 능력이 발휘될 것이라는 당시 이교적 신앙의 영향이라고 평했다. Frank Viola, 이교도에 물든 기독교, 72; Paul Johnson, *History of Christianity*, (New York: Simon & Schuster, 1976), 209.

37) Howard Snyder, 새 포도주는 새 부대에, 74-79.

38) Gerhard Lohfink, 예수는 어떤 공동체를 원했나. 신정판, 정한교 역, (경북: 분도출판사, 1996), 57.

39) Howard Snyder, 새 포도주는 새 부대에, 86.

40) 강준만, "주제가 있는 미국사: 로버트 슐러의 긍정적 사고방식" 네이버 캐스트. 2013.9.3. <http://navercast.naver.com/contents.nhn?rid=214&contents_id=35264>

41) CBS News, "The Crystal Cathedral's Shattering Fate." *CBS Online*. 2012. 3. 18. <http://

www.cbsnews.com/news/the-crystal-cathedrals-shattering-fate/>

42) 신약성경은 성직자와 평신도라는 용어를 따로 구별하여 사용하지 않았다. 평신도(laity) 라는 용어는 사역자와 비사역를 구별하기 위해 로마의 클레멘트(Clement of Rome) 에 의해 최초로 사용되었다. R. Paul Stevens, *The Abolition of the Laity*, (Carlisle, UK: Paternoster Press, 1999), 5.

43) Viola & Barna, 이교도에 물든 기독교, 128-132. 개신교 예배의 형식과 변화에 대한 자세한 내용은 바이올라와 바나의 책 3장을 참조하라.

44) Margaret Y. MacDonald, *The Pauline Church: A Social-Historical Study of Institutionalization in the Pauline and Deutero-Pauline Writings*, (Cambridge University Press, 1988).

45) Paul E. Pierson, 기독교 선교운동사, 157.

46) Howard Snyder, 참으로 해방된 교회(*Liberating the Church*), (서울: IVP, 2009), 38.

47) K. Barth, *Evangelische Theologie im 19 JH.*, 1957, 6: 이신건, 칼 바르트의 교회론, (서울: 한들출판사, 2000), 36. 재인용.

48) 이신건, 칼 바르트의 교회론, 39-41.

49) 같은 책, 42.

50) Paul E. Pierson, 기독교 선교운동사, 132-133.

51) David Von Drehle, "Person of the Year", in Time, Dec. 17. 2008. <http://content.time. com/time/person-of-the-year/2008/>.

52) 조상현, 김현, 소통혁명, (서울: 황금사자, 2010), 44-46.

53) 정지훈, 제4의 불, (서울: 열음사, 2010), 22-23. 롱테일 법칙은 미국 인터넷 비지니스 잡지인 Wired의 편집장이며 "롱테일 경제학"으로 유명한 크리스 앤더슨에 의해 유명해진 용어이다. 기존의 '결과물의 80%는 조직의 20%에 의해 생산된다는 파레토의 법칙과는 달리, 마치 공룡의 꼬리 부분과 같이 '사소한 소수'가 '핵심 소수'보다 뛰어난 가치를 창출한다는 의미를 갖고 있다.

54) 같은 책, 26-28.

55) "웹 2.0이란 무엇인가?" 네크워커, <http://networker.jinbo.net/zine/view. php?board=networker_4&id=1454>.

56) Don Tapscott , 디지털 네이티브(Digital Native), 이진원 역, (서울: 비지니스북스, 2009), 574.

57) 같은 책, 26-31.

58) 같은 책, 34.

59) 같은 책, 34.

60) Scott Sunquist, "Lesslie Newbigin in the 21st Century" in 2014 Missiology Lecture, Fuller Theological Seminary, 2014년 11월 14일 강연.

61) 최윤식, 한국교회 미래지도, (서울: 생명의말씀사, 2013), 41-44. 저자는 주일학교의 감소가 1980년대부터 본격적으로 시작되었음을 밝혔다. 이러한 추세가 계속된다면 한국교회 주일학교의 숫자는 2045년이 되면 전체가 30~40만으로 줄어들 것으로 예상된다. 교회는 이제 은퇴자들만 가득찬 집단이 될 것이다.

62) BBC News, "Russian church taken by thieves" 2008. 11. 13. <http://news.bbc.co.uk/2/hi/europe/7728407.stm>.

63) Charles R. Swindoll, The Church Awakening: An Urgent Call for Renewal, (New York: FaithWords, 2010), 25-26.

64) Lesslie Newbigin, 다원주의 사회에서의 복음, 허성식 역, (서울: IVP, 1998), 399-400.

65) 같은 책, 431.

66) 본 이야기는 톰 레이너의 책 서론에 나온 내용을 약간의 각색을 통해 옮긴 것이다. Thom S. Rainer, Autopsy of a Deceased Church, (Nashville, TN: B&H Publising Group, 2014), 3-4

67) 같은 책, 4-5.

68) Louis Berkhof, Systematic Theology, Combined Edition. (Grand Rapids, MI: Wm.B.Eerdmans, 1996). 565-570.

69) Gary L. McIntosh, Taking Your Church to the Next Level, (Grand Rapids, MI: Bakers Books, 2009), 23.

70) Robert D. Dale, To Dream Again, (Eugene, OR: Wipe & Stock, 1981), 15.

71) 같은 책, 16.

72) 같은 책, 17.

73) David O. Moberg, *The Church as a Social Institution: The Sociology of American Religion, 2nd edition*. (Grand Rapids, MI: Baker Book House, 1984), 118-124.

74) 본 그림은 모벌그의 이론을 맥킨토시가 해석하여 그린 그림을 사용한 것이다. Gary L. McIntosh, *Taking Your Church to the Next Level*, 27.

75) Gary L. McIntosh, *Taking Your Church to the Next Level*, 25.

76) David O. Moberg, *The Church as a Social Institution*, 123.

77) Neil Cole, One Thing, 세상을 변화시키는 단 한 가지(*One Thing*), 안정임 역, (서울: 예수전도단, 2018), 13, 20.

78) Thom S. Rainer, *Autopsy of a Deceased Church*. 참조하라.

79) 같은 책, 12-13.

80) Lisa Bodell, 킬 더 컴퍼니(*Kill the Company*), 이지연 역, (서울: 퓨처싱크CEO, 2013), 16.

81) Chris Zook and James Allen, 창업자 정신(*The Founder's Mentality*), 안진환 역, (서울:한국경제신문, 2016), 9-10.

82) 같은 책, 34-35.

83) Outreach Magazine, "The Top 10 at a Glance: The Fastest Growing Churches in America," 2017. Special Issue. p. 73.

84) '진단과 대응'을 다룬 이 파트는 톰 레이너의 책 12-13장을 인용해 작성되었음을 밝힌다. Thom S. Rainer, 『*Autopsy of a Deceased Church*』, 85-96.

85) 같은 책, 86.

86) 같은 책, 87-88.

87) 같은 책 88-89.

88) 같은 책 93.

89) 같은 책, 95.

90) 같은 책, 100-101.

91) 이 부분에 대해서는 톰 레이너의 *Simple Church*를 읽고, 참조하라.

92) Robert D. Dale, to Dream again, 139.

93) 한국기독교목회자협의회(한목협)의 조사에 따르면, 비개신교인이 가장 호감을 보이는 종교는 1위 불교 40.6%, 2위 천주교 37.6%, 개신교는 3위로 9.5%로 나타났다. 기독교인

들 가운데 교회에 나가지 않는 성도들의 비율 또한 지난 20년 동안 2배 이상 증가했다. 1998년에는 그 비율이 11.7% 였으나 2017년 조사에서는 23.3%였다. 이승규, "한국교회에 대한 호감도 9.5%..불교는 40.6%." 노컷뉴스, <https://www. nocutnews.co.kr/news/4899390>

94) Michael Frost & Alan Hirsch, 모험으로 나서는 믿음(*The Faith of Leap*), 김선일 역, (서울: SFC), 30-31.

95) Brian McLaren, 저 건너편의 교회(*The Church on the Other side*), 이순영 역, (서울:낮은 울타리, 2002),13-14.

96) 같은 책, 17. 재인용.

97) Walter Brueggemann, 예언자적 상상력(*The Prophetic Imagination*), 김기철 역, 개정판, (서울: 복있는 사람, 2009). 207.

98) John Rossman, 아마존 웨이(*The Amazon Way*), 김정혜 역, (서울: 와이즈맵, 2017), 29.

99) 같은 책, 22.

100) 본 훈련의 목적은 진리(Truth), 무장(Equipping), 상호책임(Accountability), 선교 (Mission), 간구(Supplication) 등 다섯 항목에 초점을 둔다. 각 단어의 첫글자를 따서 그들은 TEAMS라고 부른다. Randy Pope, 교회는 인소싱이다(*Insourcing*), 이철민 역, (서울: 국제제자훈련원, 2016), 40-48.

101) Thom Rainer & Eric Geiger, 단순한 교회(*Simple Church*), 신선욱 역, (서울:생명의말씀사, 2009), 97-108.

102) Otto Scharmer and Katrin Kaufer, 본질에서 답을 찾아라(*Leading from the Emerging Future*). 엄성수 역, (서울, 티핑포인트, 2014), 13.

103) 같은 책, 56.

인용문헌

- Chris Zook and James Allen, 창업자 정신(*Founder's Mentality*), 안진환 역, (서울: 한경비피, 2016)
- 강민호, 변하는 것과 변하지 않는 것, (서울: 턴어라운드, 2018), 개정증보판
- Simon Sinek, 나는 왜 이 일을 하는가?(*Start with Why*), 이영민 역, (서울: 타임비즈, 2013)
- Roland Berger, 4차 산업혁명 이미 와 있는 미래(*The Fourth Industrial Revolution*), 김정희, 조원영 역, (파주: 다산북스, 2017),
- 강준만. "주제가 있는 미국사: 로버트 슐러의 긍정적 사고방식" 네이버 캐스트. 2013.9.3. http://navercast.naver.com/contents.nhn?rid=214&contents_id=35264
- 네크워커 "웹 2.0이란 무엇인가?" http://networker.jinbo.net/zine/view.php?board=networker_4&id=1454
- 이승규. "한국교회에 대한 호감도 9.5%..불교는 40.6%." 노컷뉴스. https://www.nocutnews.co.kr/news/4899390
- 이신건. 칼 바르트의 교회론. 서울: 한들출판사. 2000.
- 이원규. 종교사회학의 이해. 개정판. 서울: 나남. 2006.
- 정지훈. 제4의 불. 서울: 열음사. 2010.
- 조상현. 김현. 소통혁명. 서울: 황금사자. 2010.
- 윤식. 한국교회의 미래지도. 서울: 생명의말씀사. 2013.
- 한석희 외. 4차 산업혁명 어떻게 시작할 것인가. 서울: 페이퍼로드. 2016.
- Brian J. Walsh. 세상을 뒤집는 기독교(*Subversive Christianity*). 강봉재 역. 서울: 새물결플러스. 2010.
- Brian McLaren. 저 건너편의 교회(*The Church on the Other side*). 이순영 역. 서울:낮은울타리. 2002.
- Chris Zook and James Allen. 『창업자 정신』(*The Founder's Mentality*). 안진환 역. 서울:한

국경제신문. 2016.

- Dan Kimball. 시대를 리드하는 교회(*The Emerging Church*). 윤인숙 역. 서울: 이레서원. 2007.
- Don Tapscott . 디지털 네이티브(*Digital Native*). 이진원 역. 서울: 비지니스북스. 2009.
- Frank Viola & George Barna. 이교도에 물든 기독교(*Pagan Christianity*). 이남하 역. 서울: 대장간. 2011.
- Gerhard Lohfink. 예수는 어떤 공동체를 원했나. 신정판. 정한교 역. 경북: 분도출판사. 1996.
- Howard Schultz & Dori Johne Yang. 스타벅스. 커피 한 잔에 담긴 성공신화(*Put Your Heart into It*). 홍순명 역. 파주: 김영사. 1999.
- Howard Snyder. 새 포도주는 새 부대에(*The Problem of Wineskins*) 2판. 이강천 역. 서울: 생명의 말씀사. 2006.
- _____. 참으로 해방된 교회(*Liberating the Church*). 권영석 역. 서울: IVP. 2009.
- John Rossman. 아마존 웨이(*The Amazon Way*). 김정혜 역. 서울: 와이즈맵. 2017.
- Lesslie Newbigin. 다원주의 사회에서의 복음. 허성식 역. 서울: IVP. 1998.
- Lisa Bodell. 킬더컴퍼니(*Kill the Company*) 이지연 역. 서울: 퓨처싱크CEO. 2013.
- Marilyn Chandler McEntyre. 고흐를 만나다(*The Color of Light*). 문지혁 역. 서울: 가치창조. 2007.
- Michael Frost & Alan Hirsch. 모험으로 나서는 믿음(*The Faith of Leap*). 김선일 역. 서울: SFC. .
- Neil Cole. One Thing. 세상을 변화시키는 단 한 가지(*One Thing*). 안정임 역. 서울: 예수전도단. 2018.
- Otto Scharmer and Katrin Kaufer. 본질에서 답을 찾아라(*Leading from the Emerging Future*). 엄성수 역. 서울. 티핑포인트. 2014.
- Paul E. Pierson. 선교학적 관점에서 본 기독교 선교운동사(*The Dynamics of Christian Mission: History through a Missiological Perspective*).임윤택 역. Grand Rapids. MI: Baker Academic. 2009.

- Randy Pope. 교회는 인소싱이다(*Insourcing*). 이철민 역. 서울: 국제제자훈련원. 2016.
- Scott Stossel. 나는 불안과 함께 살아간다 홍한별 역. 서울: 반비. 2015.
- Skye Jethani. 하나님을 팝니다?(*The Divine Commodity*). 이대은 역. 서울: 조이선교회. 2011.
- Spencer Johnson. 누가 내 치즈를 옮겼을까?(*Who Moved My Cheese?*). 이영진 역. 서울: 진명출판사. 2000.
- Stanley Hauerwas & William H. Willimon. 하나님의 나그네 된 백성(*Resident Alien*)). 김기철 역. 서울: 복있는 사람. 2008.
- Thom Rainer & Eric Geiger. 단순한 교회(*Simple Church*) 신선욱 역. 서울:생명의말씀사. 2009.
- Walter Brueggemann. 예언자적 상상력(*The Prophetic Imagination*) 김기철 역. 개정판. 서울: 복있는 사람. 2009.
- BBC News. "Russian church taken by thieves" 2008. 11. 13. <http://news.bbc.co.uk/2/hi/europe/7728407.stm>
- CBS News. "The Crystal Cathedral's Shattering Fate." *CBS Online*. 2012. 3. 18. <http://www.cbsnews.com/news/the-crystal-cathedrals-shattering-fate/>
- Charles R. Swindoll. *The Church Awakening: An Urgent Call for Renewal*. New York: FaithWords. 2010.
- Dave Gibbons. *Xealots: Defying the Gravity of Normality*. Grand Rapids. MI: Zondervan. 2011.
- David Von Drehle. "Person of the Year". in *Time*. Dec. 17. 2008. <http://content.time.com/time/person-of-the-year/2008/>
- David O. Moberg. *The Church as a Social Institution: The Sociology of American Religion*. 2nd edition. Grand Rapids. MI: Baker Book House. 1984.
- Douglas Atkin. *The Culting of Brands: When Customers Become True Believers*. New York: Portfolio. 2004.
- Gary L. McIntosh. *Taking Your Church to the Next Level*. Grand Rapids. MI: Bakers Books. 2009.

- Grace Davie. *Religion in Britain Since 1945: Believing Without Belonging*. Oxford ; Cambridge. Mass. : Blackwell. 1994.
- Graydon F. Snyder. *Frist Corinthians: A Faith Community Commenrary*. Macon GA: Mercer Univeristy Press. 1991.
- Jessica Martinez. "When God Left the Building' Film Director: The American Church Is Dying." *The Christian Post*. 2014. 7. 29. <http://www.christianpost.com/news/when-god-left-the-building-film-director-the-american-church-is-dying-124019/>
- K. Barth. *Evangelische Theologie im 19.JH.*. 1957.
- Louis Berkhof. *Systematic Theology*. Combined Edition. Grand Rapids. MI: Wm.B.Eerdmans. 1996.
- Margaret Y. MacDonald. *The Pauline Church: A Social-Historical Study of Institutionalization in the Pauline and Deutero-Pauline Writings*. Cambridge University Press. 1988.
- Mark A. Noll. *Turning Points: Decisive Moments in the History of Christianity*. 2nd ed. Grand
- Outreach Magazine. ""The Top 10 at a Glance: The Fastest Growing Churches in America." 2017. Special Issue.
- Paul Johnson. *History of Christianity*. New York: Simon & Schuster. 1976.
- R. Paul Stevens. *The Abolition of the Laity*. Carlisle. UK: Paternoster Press. 1999.
- Scott Sunquist. "Lesslie Newbigin in the 21st Century" in 2014 *Missiology Lecture*. Fuller Theological Seminary. 2014. 11. 14.
- Robert D. Dale. *To Dream Again*. Eugene. OR: Wipe & Stock. 1981.
- Thom S. Rainer. *Autopsy of a Deceased Church*. Nashiville. TN: B&H Publising Group. 2014.
- Tony Johes. *The New Christians: Dispatches from the Emergent Frontier*. San Francisco: Jossey-Bass. 2008.
- Will Durant. *Caesar and Christ*. New York: Simon & Schuster. 1957.

RE_THINK CHURCH

초판 1쇄 발행	2019년 9월 9일
2쇄 발행	2019년 12월 5일

지은이	이상훈
발행인	이영훈
편집인	김형근
편집장	박인순
기획·편집	강지은
디자인	김한희

펴낸곳	교회성장연구소
등 록	제 12-177호
주 소	서울특별시 영등포구 여의공원로 101 CCMM빌딩 7층 703B호
전 화	02-2036-7928(편집팀)
팩 스	02-2036-7910
쇼핑몰	www.icgbooks.net
홈페이지	www.pastor21.net
페이스북	www.facebook.com/pastor21

ISBN | 978-89-8304-294-1 03230

"무슨 일을 하든지 마음을 다하여 주께 하듯 하라" (골 3:23)

교회성장연구소는 한국 모든 교회가 건강한 교회성장을 이루어 하나님 나라에 영광을 돌리는 일꾼으로 성장하는 것을 목표로, 목회자의 사역은 물론 성도들의 영적 성장을 도울 수 있는 필독서들을 출간하고 있다. 주를 섬기는 사명감을 바탕으로 모든 사역의 시작과 끝을 기도로 임하며 사람 중심이 아닌 하나님 중심으로 경영한다. "무슨 일을 하든지 마음을 다하여 주께 하듯 하라"는 말씀을 늘 마음에 새겨 하나님께서 주신 사명을 기쁨으로 감당한다.